U0299249

极简金融通识课

从货币本源
到财富人生

张伟 —————— 著

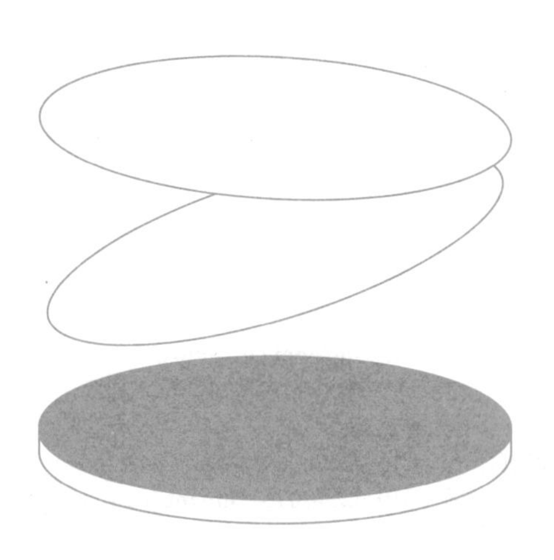

清華大學出版社
北　京

图书在版编目（CIP）数据

极简金融通识课：从货币本源到财富人生 / 张伟著. —北京：清华大学出版社，2024.3
（2024.11 重印）
ISBN 978-7-302-65849-8

Ⅰ. ①极… Ⅱ. ①张… Ⅲ. ①金融学－通俗读物 Ⅳ. ①F830-49

中国国家版本馆 CIP 数据核字（2024）第 061158 号

责任编辑：顾　强
封面设计：方加青
版式设计：张　姿
责任校对：王荣静
责任印制：从怀宇

出版发行：清华大学出版社
网　　址：https://www.tup.com.cn，https://www.wqxuetang.com
地　　址：北京清华大学学研大厦 A 座　**邮　　编：**100084
社 总 机：010-83470000　**邮　　购：**010-62786544
投稿与读者服务：010-62776969, c-service@tup.tsinghua.edu.cn
质 量 反 馈：010-62772015, zhiliang@tup.tsinghua.edu.cn
印 装 者：河北鹏润印刷有限公司
经　　销：全国新华书店
开　　本：148mm×210mm　**印　张：**8　**字　数：**172 千字
版　　次：2024 年 4 月第 1 版　**印　次：**2024 年 11 月第 3 次印刷
定　　价：68.00 元

产品编号：098252-01

自序 PREFACE

金融离我们很近，又离我们很远。如果我们从金融这门学科来看，随着社会经济的发展和技术的进步，现代金融理念和金融实践不断地演化和进步。金融与国民经济始终息息相关。20 世纪 50 年代，经济学家开始意识到，金融发展的滞后成为阻碍许多国家尤其是许多发展中国家的深层原因，金融也由此与经济结合，成为一个研究整体，并相应形成了一些较为有影响力的经济金融发展理论。对于中国而言，通过与服务实体经济紧密结合，中国的金融学也逐渐发展起来，有了自己的发展理念，构建了自己的金融体系，建立了自己的金融市场。

对于普通人来说，提到金融，很多人第一反应就是觉得深奥、复杂，充满了公式和模型，觉得自己和金融没有关系。其实不然，金融在我们的生活中无处不在，跟我们每个人都是息息相关的。因为金融是关于“钱”的学问，每个人都需要钱，所以每个人都应该学点金融。相应地，我们并不是要学习很多的公式计算和模型推导，更为重要的，是学习金融的思想和理念，学会从金融的角度看待世界，将金融的理念应用于生活。

多年来，我始终从事金融的教学和研究工作，同时拥有丰富的金融培训经历，深知对于社会公众来说，金融知识的普及教育至关重要。同时，在《清华金融评论》的多年办刊经验，也让我意识到，金融的学习和研究专业性较强，对于非金融专业的普通人来说，具有一定的学习门槛。因此，我专门针对金融的初学者，系统梳理了金融系统的整体图景，提炼主要的知识点，撰写了课程 PPT。在《清华金融评论》编辑部几位同事的共同努力下，“金融思想课——帮你打开金融之门”这门线上课程于 2022 年 1 月在《清华金融评论》金融微课堂顺利上线（见文末二维码）。

为了继续传播金融基本知识，引领读者走进金融的世界，特以该课程内容为基础整理成此书，希望进一步提升读者的财商，帮助读者建立良好科学的金融观。本书在介绍金融学的基本概念和原理的基础上，通过生动的案例和实用的技巧，把复杂的金融原理阐述得浅显易懂，希望能够帮助读者更好地理解和应用这些知识。本书在结构上，首先从为什么大家要学点金融入手，让大家感受到金融的理念是如何融入日常生活中的。同时，因为金融是关于“钱”的学问，对于“钱”这个金融的万能载体，不同场景下含义也不同，书中的多个章节，都对“钱”这个大家耳熟能详的名词进行了剖析，钱与货币是不能等同的，在金融里，对于货币来说，中央银行是可以创造出来的，银行存款也可以无中生有。而且“钱”也是有价格的，体现为它的购买力，通货膨胀率直接反映了货币购买力的变化，再比如，利息、汇率等也都从某种程度上来说是货币的价格。

由“钱”开始，本书还对金融这个庞大的体系进行了深入的探讨。先从与我们最息息相关的个人金融开始讲起。个人金融的教育是一个遗失的角落，我们整个金融学的学习中，都缺少对个人金融的学习。实际上，人生就是一个现金流，因此，学好金融、管理好人生的现金流，是人生的重要一课。要想规划好自己的财富，非常有必要去了解金融里的各个“角色”。首先是金融的主战场——公司金融。我们要了解日常天天打交道的金融机构，在整个资金融通的过程里，金融机构扮演了很重要的角色，是资金的“搬运工”。同时，我们更要知道平时交易的金融市场，在整个资金融通的过程里，作为资金融通的场所，金融市场主要发挥了价格发现功能、资源配置功能、分散风险功能、提供流动性功能和降低交易成本功能。财政作为政府的首席金融官，在一国经济发展或者分配体系当中也具有十分重要的地位和作用，它可以发挥资源配置优化的作用，也可以发挥促进经济增长的作用。

当然，金融里还有大家最关心的一个问题，也是金融的永恒主题——风险与收益。大部分人在做投资的时候，通常都会去看收益率，但要注意的是，收益和风险是相辅相成的，也就是说，做投资有收益，但也会承担相应的风险。建立这样类似的金融理念，其实对我们做理财规划十分有用。当我们学会了这样的金融理念时，我们就会知道，如果不能承担较高的风险，我们就要去投资较低风险的资产，当然也需要能够接受得到一个较低的回报。

现代生活里，金融已经成为不可或缺的一部分，但金融知识也的确有其专业的一面，很多人对金融的了解还停留在表面，或者对其有一些误读，甚至社会上出现大量的金融诈骗，归根结底也是因为金融普及教育的缺失。在我看来，金融知识普及教育至少可以有三方面的促进作用：一是提高人们的金融素养。人们对于金融知识的掌握程度和运用能力是金融素养的关键体现，通过金融知识普及教育，人们可以更加深入地了解金融市场和金融产品，提高自己的金融素养，从而更好地管理自己的人生现金流。二是促进国家整个金融体系的健康发展。金融市场的健康发展需要有足够的参与者和投资者，而这些人如果能够具备一定的金融知识和素养，整个金融市场发展的效率也会提高，进而促进整个金融市场的健康发展。三是提高整个社会的金融安全。金融安全是指金融市场的稳定和金融风险的控制。通过金融知识普及教育，大家树立了风险与收益的意识，可以提高人们对于金融风险的认识和应对能力，从而提高整个社会的金融安全。

本书可以视为对金融知识普及教育的基础工作，当中针对金融基本知识的介绍仅作抛砖引玉。如果你对金融学感兴趣，想要更加深入地学习相关内容，可以进一步去研读相关教材，例如《货币银行学》《国际金融学》《证券投资学》《会计学》《公司金融》《财政学》等，也可以进一步学习数字货币、金融科技等一些前沿内容的研究成果。最后，希望通过本书的学习，可以帮助初学者认识财富本源，并进而学习用金融思维去看世界。相信阅读到这本书的你，一定能得到很多启示和收获！

在整个书的编写过程中，《清华金融评论》编辑部王晗对课程速记稿进行了整理，秦婷在此基础上进行了修订、完善和补充，最后由我进行全书的审订。本书还得到了《清华金融评论》编辑部徐兰英、银雪等同事的支持，在此对她们的付出表示感谢。此外，本书也引用了很多相关教材的资料和专家的观点作为素材，在此一并表示感谢。由于时间仓促，书中难免有不当之处，请大家批评指正。

CONTENTS
目录

第一章

金融不仅是一门技术，更是一种思想

建筑专业毕业的晓晓工作几年后，有了一定的积蓄。你如果让她设计出一栋美轮美奂的大楼，她可能驾轻就熟，但对于如何打理自己的钱财，她却经常有些犯难。于是她开始考虑去学习一下关于钱的学问，去了解金融到底是什么，以便更好地打理自己的钱财。

在日常生活中，晓晓不可避免地要经常和钱打交道，比如去银行存钱、汇款等。她还听说有的朋友在炒股，有的朋友买了基金，这里面就包含了各种金融机构和金融产品。晓晓不禁感慨，金融涉及的内容好多！翻开一本金融学的教材，晓晓就更头疼了，里面的各种模型和计算让她眼花缭乱，无从学起。

对于不是金融专业的人来说，我们到底该不该学金融？学习金融到底能给我们带来什么呢？

▶ 人人都需要学金融

金融是关于钱的学问，人人都需要钱，因此人人都需要学点金融。

▶ 金融的涉及面很广

金融除了涉及钱之外，其实它有很深刻的内涵和很广泛的外延。我们还会与各种类型的金融机构、金融工具打交道。

▶ 金融是一个庞大的系统

金融体系既包括金融市场、金融市场的参与者，也包括参与者交易的金融工具。

▶ 金融是一门技术活

金融天然是要和数字打交道的，我们总是有金融越来越数学化的感觉。

▶ 金融更是一种思想

金融是一种思想，它的思想中包含创新、变通和借势等。我们在日常生活中可以用这些金融理念去思考问题。

一 人人都需要学金融

金融离我们很近。一说到金融，相信大家的脑海里立刻浮现的是钱。没错！金融就是一门关于钱的学问。对于钱，我们最直观的印象是随身携带的钞票，比如人民币、美元、欧元、日元等。

当然，钱不只是现钞，现在的钱还有很多种存在形式，例如我们存在银行里的银行存款、数字人民币等。如果追溯到更久远的年代，货币的变迁经历了从无到有、从实物到虚拟、从有价值到无价值、从自然选择到法定、从无中介到有中介进而去中介的过程。例如，在最早的实物货币阶段，绵羊、贝壳、金币、银币、铜钱等五花八门的流通工具都曾在历史上存在过。这些“货币”本身是有价值的，它们作为中介交换，使人们买卖交易时相比物物交换更加方便。北宋时期，我国出现了世界上最早的纸币——交子，货币开始变为信用货币，本身不再具有价值了。随着经济和技术的发展，纸质货币逐渐变成电子货币，信息技术的进一步发展则催生了更先进的数字货币。我们将在第二章详细介绍货币的演变与发展。

当下，对于钱这个耳熟能详的名词，看起来它的含义似乎很明显，但我们要真正弄懂它，却并非易事。因为在我们的日常生活中，与钱打交道的活动又多又复杂，与钱有关的事情也必然对我们每个人来说都非常重要。

既然金融是关于钱的学问，而人人都需要钱，因此，人人都需要学点金融。但金融又不仅仅只讨论钱，其涉及面非常广泛，这又让我们觉得金融离我们很远，似乎并非人人都能学金融。

二 金融的涉及面很广

金融除了涉及钱之外，它还有很广泛的外延，如图 1.1 所示。我们对“钱”有不同的运用和处理方式，比如到银行存钱、从银行取钱、通过银行向亲朋好友汇钱。再如股票，大家对股票也不陌生，相信很多人做过股票投资，那些因为炒股而暴富或股票暴跌又返贫的故事都令人印象深刻。这些都会使金融的含义随之不断扩大和深入，在这当中既包含了各种类型的金融机构，也包括了各种金融工具。

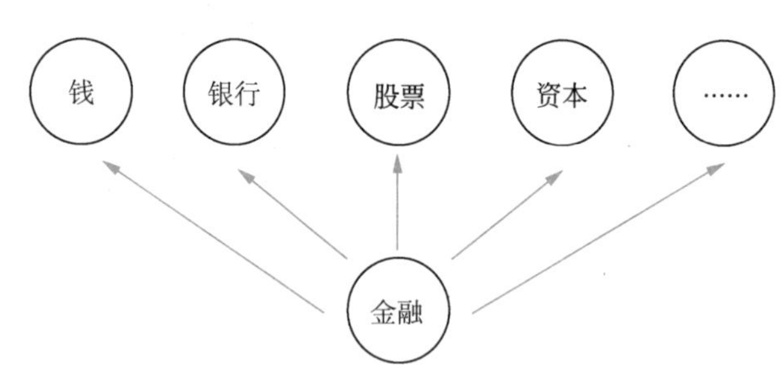

图1.1　金融的涉及面很广

1. 金融机构

在金融机构中，大家日常生活中与钱打交道时，涉及最多的便是银行，钱的很多周转过程都需要经过银行。除了和银行打交道，我们在买卖股票时，还会和证券公司打交道；在管理我们人生的风险时，还会跟保险公司打交道；我们还会买基金、信托，进而跟基金公司和信托公司等打交道。

具体来看，金融机构包括存款性金融机构和非存款性金融机构。

存款性金融机构主要是指银行业金融机构。银行业金融机构是指在中华人民共和国境内设立的商业银行、城市信用合作社、农村信用合作社等吸收公众存款的金融机构，具体包括政策性银行、国有商业银行、股份制商业银行、城市商业银行和城市信用社、农村商业银行和农村信用社、外资商业银行。其特点是可以依法向社会公众（包括家庭和公司）吸收活期存款和定期存款，并发放贷款。

非存款性金融机构包括保险公司、证券公司、证券投资基金（国外称作共同基金）、社会保障基金、信托公司、财务公司、金融租赁公司和养老基金等。

保险公司是收取保费并承担风险补偿责任、拥有专业化风险管理技术的金融组织机构。

证券公司是指依照《中华人民共和国公司法》（以下简称《公司法》）和《中华人民共和国证券法》（以下简称《证券法》）规定设立的经营证券业务的有限责任公司或者股份有限公司。

证券投资基金是一种共享收益、共担风险、组合投资、专家运作的集合证券投资方式。基金管理公司是作为证券投资基金的管理人，收取一定管理费并提供专业投资管理服务，代理证券投资基金的投资人管理和运用资金，用于股票、债券等投资以获取收益的专业金融机构。

全国社会保障基金是国家社会保障储备基金，用于人口老龄化高峰时期的养老保险等社会保障支出的补充、调剂。全国社保基金由中央财政预算拨款、国有资本划转、基金投资收益和以国务院批准的其他方式筹集的资金构成。

信托公司是指依照《公司法》和《信托公司管理办法》设立的主要经营信托业务的金融机构。信托业务是指信托公司以营业和收取报酬为目的，以受托人身份承诺信托和处理信托事务的经营行为。

财务公司是指以加强企业集团资金集中管理力度和提高企业集团资金使用效率为目的，为企业集团成员单位提供财务管理服务的非银行金融机构。

金融租赁公司是指经原中国银监会[①]批准，以经营融资租赁业务为主的非银行金融机构。融资租赁业务是指出租人根据承租人对出卖人、租赁物的选择，向出卖人购买租赁物件，提供给承租人使用，向承租人收取租金的交易，它以出租人保留租赁物的所有权和收取租金为条件，使承租人在租赁合同期内对租赁物取得占有、使用和受益的权利。

2. 金融工具

金融工具主要包括债务证券和股权证券。

债务证券是代表发行人债务和持有人债权的一种权利证券，一般载明金额、具体偿还期限、利率或购买时的折扣。发行人在债务证券到期后必须偿还债务。商业本票、国库券、国库票据、国

① 中国银行业监督管理委员会的简称，后与保监会合并，现在为国家金融监督管理总局。

债、市政债券、公司债和房产按揭债券等，都属于债务证券。

股权证券是代表持有人对发行人净资产一定比例所有权的一种权利证券，实质上是一种所有权证书。股权证券没有偿还期限和到期日，发行人不必偿付（除破产清算等情况）。股权证券持有人有权参加分红。普通股股票、优先股股票都属于股权证券。

当然，你可能还听说过资本这个概念。从不同的角度出发，对资本有不同的理解。金融里的资本包括实物资本和虚拟资本，当然也有和我们自身紧密相关的人力资本。从企业会计学理论来讲，资本是指所有者投入生产经营，能产生效益的资金。资本是企业经营活动的一个基本要素，是企业创建、生存和发展的一个必要条件。企业创建需要具备必要的资本条件，企业生存需要保持一定的资本规模，企业发展需要不断地筹集资本。因此，钱跟资本是有关系的，资本物化后就可以创造价值。比如，对于企业而言，银行提供长期的信贷资金可以服务企业的发展，如果提供的是短期资金则仅仅是提供流动性，但提供长期资金，企业便可以购买机器设备等促进自身的经营活动。

三 金融是一个庞大的系统

到底什么是金融？简单地说，金融实际上就是资金融通的过程或者资金融通的行为，也就是钱在人与人之间进行转移的活动。融通资金就是为资金的需求方和资金的供给方提供交换媒介、交易机制和交易场所，完成储蓄向投资的转化。

事实上，金融是一个庞大的体系，金融体系是金融市场、金融市场的参与者、参与者交易的金融工具的内在系统。图 1.2 简单勾勒出了当前金融体系中最关键的主体、金融机构，以及金融活动中资金融通所需要的各种工具和载体。其中，金融市场也是一个复杂的体系，包含许多具体的、相互独立但又有紧密关联的子市场，可以按照不同的标准进行分类：按剩余期限长短分为货币市场和资本市场；按金融交易程序分为一级市场和二级市场；按金融交割时间分为即期市场、远期市场和期货市场；按金融交易是否存在固定场所分为交易所市场和场外交易市场。

接下来我们就逐步地打开金融之门，来了解金融这个庞大的体系中各方面最基本的规律。首先我们需要从最基本的概念入手。

1. 资金

我们首先从资金这个概念入手来剖析一下金融活动的基本原

理。我们可以把有多余钱的人称为资金的盈余者，即“有钱人”，而把缺钱的人称为资金的赤字单位，即“缺钱人”。除了个人之外，我们所说的“有钱人”和“缺钱人”还包括企业和政府，所以这里的“人”不单是指个人。资金在个人、企业和政府之间进行转移，发生借贷或发生投资等活动，实际上都属于资金的融通活动，我们把它们都归为金融活动。

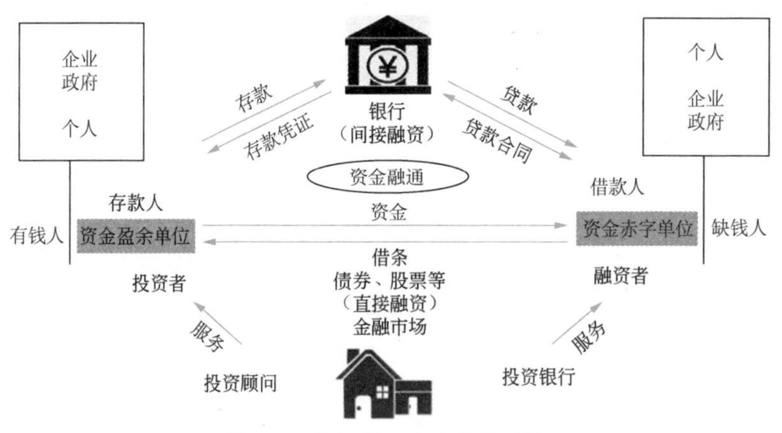

图1.2　金融是一个庞大的系统

由于资金转移的方式不同，“有钱人”和“缺钱人”也会有其他的名称。比如小 A 是“有钱人”，小 B 是“缺钱人”，如果小 B 直接向小 A 借钱，那么小 A 也叫债权人，小 B 也叫债务人（小 A 和小 B 可以是机构或个人）。

债权人主要是指预付款者，有权请求他方为特定行为的权利主体，是指那些对企业提供须偿还的融资的机构和个人，包括给企业提供贷款的机构或个人（贷款债权人）和以出售货物或劳务形式提供短期融资的机构或个人（商业债权人）。债务人通常指根据法律或合同契约的规定，在借债关系中对债权人负有偿还义务的人，即债务人是指欠别人钱的实体或个人。

如果小 B 发行股票来筹钱，小 A 买了小 B 的股票，日后可以享受股票带来的收益，小 A 也叫投资者或持有人，小 B 也叫融资者或者发行人。

在金融体系中，通常情况下，家庭是资金的主要供给方。家庭以当期收入购买非耐用消费品后的储蓄，形成金融中介的存款、对公司债券和股票或政府债券的投资。企业则是金融体系的主要融资方、金融产品的主要提供者，因此属于资金的主要需求方。政府是社会资金的另一个主要需求方。政府通过发行国债筹集资金，同时为社会提供交易工具。

总的来说，金融活动涉及的“人”不外乎“有钱人”和“缺钱人”，即“人”作为主体，或者指资金的盈余单位，或者指资金的赤字单位。当然，它的范围还可以更宽泛，还包括除个人、企业、政府之外的其他主体，例如央行。央行是一个国家或地区法定的负责发行货币、管理货币流通、制定货币政策和提供清算体系的管理当局。还有外国参与者，包括外国的家庭、公司、政府和央行。随着经济和金融全球化程度的提高，国际间商品、服务和金融交易占我国整个国民经济的比重大幅增加。因此，外国参与者在我国金融体系中的角色也越发重要。但金融活动涉及比较多的就是个人、企业和政府这三方。

2. 原始直接融资

最初的资金融通，就是“有钱人”和“缺钱人”之间直接交换的过程，通常都是“有钱人”直接把钱给“缺钱人”，反过来，“缺钱人”打一个借据或借条给“有钱人”，这样双方便完成了资金融通的过程，让资金从盈余的一方给到了需要的一方。民间借贷的模式一般就属于原始直接融资，即亲戚、朋友之间相互借钱，双方直接点对点进行资金的融通。

3. 现代间接融资

随着经济的发展，金融活动逐渐变得愈加频繁和复杂。“有钱人”和“缺钱人”之间的资金融通活动不再简单地在他们之间直接进行往来，而是逐步产生了存款性金融机构这样的金融中介机构。有了中介机构，便可以很好地解决“有钱人”和“缺钱人”之间的信息不对称问题，也可以更好地促进资金在更广阔的范围里跨时间、跨空间交换。

金融机构作为中介机构，可以分为银行业金融机构和非银行金融机构。银行业金融机构是指在中华人民共和国境内设立的商业银行、城市信用合作社、农村信用合作社等吸收公众存款的金融机构以及政策性银行。非银行金融机构则包括保险公司、证券公司、证券投资基金等。

随着金融活动愈加发达，金融中介机构逐步成为重要的资金融通活动的服务者。有了金融中介机构后，资金融通就不再是“有钱人”和“缺钱人”之间直接的融通活动，而是由金融中介机构扮演中间人的角色，让资金的融通变成一种间接的行为，所以我们通常把它称为间接融资活动。通常情况下，“有钱人”把钱存入银行，体现为存款，而银行再把资金通过贷款的方式借给个人、企业或政府，体现为贷款。这也是我们在日常生活中非常熟悉的资金融通活动。

4. 现代直接融资

随着市场和金融活动的再度发展，又逐渐产生了通过金融市场来进行资金融通的活动。“有钱人”在金融市场上通过买入“缺钱人”所发行的凭证，包括债券、股票等，将资金直接给到“缺钱人”手上，这便又衍生出了一个更为发达的直接融资活动，即通过金融市场进行的活动。

金融市场主要包括债券市场、股票市场和货币市场，其中，债券市场和股票市场被统称为资本市场。顾名思义，债券市场就是发行和买卖债券的场所。根据债券的运行过程和市场的基本功能，债券市场可分为债券发行市场和债券流通市场。债券发行市场，又称一级市场，是发行单位初次出售新债券的市场。债券发行市场的作用是将政府、金融机构以及工商企业等为筹集资金向社会发行的债券，分散发行到投资者手中。债券流通市场，又称二级市场，指已发行债券买卖转让的市场。债券一经认购，即确立了一定期限的债权债务关系，但通过债券流通市场，投资者可以转让债权，把债券变现。

股票市场是股票发行和交易的场所，与债券市场类似，也包括发行市场和流通市场两部分。在发行市场，一家股份公司可以通过面向社会发行股票，迅速集中大量资金，实现生产的规模经营；而社会上分散的资金盈余者本着“利益共享、风险共担”的原则购买股份公司的股票，可以谋求财富的增值。

货币市场又称短期金融市场，是指期限在一年以内的金融资产交易的市场。该市场的主要功能是保持金融资产的流动性，以便随时转换成可以流通的货币。货币市场一般指国库券、商业票据、银行承兑汇票、可转让定期存单、回购协议等短期信用工具买卖的市场。它的存在，一方面满足了借款者的短期资金需求，另一方面为暂时闲置的资金找到了出路。

5. 直接融资与间接融资的比较

需要注意的是，在金融市场当中扮演金融服务的角色，有另外一个也被称为银行的机构，叫作投资银行。但是，投资银行和商业银行有重要的区别。在中国，证券公司实际上就是我们所说的投资银行，它仅仅针对“缺钱人”和“有钱人”之间的资金融通活动提供一种服务。除投资银行外，还有律师事务所、会计师事务所、资产评估机构等中介机构，也为此类证券的发行提供中介服务。但在整个融资活动当中，“有钱人”的钱并不转移到这些提供中介服务的机构，而是直接转移到“缺钱人”的手上，这些中介机构只是提供了相应的服务，这和银行在中间所起的金融媒介的作用是有本质区别的。这也是直接融资和间接融资的重要不同之处。

在间接融资形式中，商业银行作为金融媒介，先将“有钱人”的资金通过存款等方式吸引进来，成为自己的资金来源，再通过贷款等方式将资金配置到个人、企业或者政府。在这种形式中，“有钱人”的钱实际上已经完成所有权的转移。但是，通过金融市场进行的资金融通活动没有发生类似的资金所有权的转移，实际上是“有钱人”的钱直接通过金融市场给到了“缺钱人”的手上。

举例来说，在间接融资的情况下，小 A 是“有钱人”，小 B 是“缺钱人”，小 A 将钱存到银行后，便将钱的所有权转移给了银行，银行再将钱贷款给小 B，此后小 A 可以按照规定的时间从银行取回本金和利息，小 B 则按照规定的时间还银行钱以及支付相应的利息，在这个过程中，小 A 尽管拥有到期收回钱和利息的权利，但是在时间未到时，钱的所有权已经转移给了银行。通过金融市场进行的资金融通活动则并非如此，在金融市场资金融通活动中，缺钱的小 B 先发行凭证（股票或者债券等），然后小 A 用自己的钱购买凭证，这样小 B 就直接获得了需要的资金，而小 A 则获得了凭证赋予的相应权利。比如，小 A 可以在符合规定的情况下把凭证卖给其他人换钱，也可以持有凭证到规定的日期，然后拿回钱和利息。在这个过程中，小 B 相当于直接收到了小 A 的钱，促成上述行为的中介机构仅仅起到辅助作用。

四 金融是一门技术活

金融实际上是一门技术。金融天然是要和数字打交道的，无论是存款还是贷款，无论是买股票做投资还是发行股票进行融资，这些活动都要和数字打交道。投资人到底赚了多少？赔了多少？在发行当中需要支付多少利息成本？支付多少发行费用？诸如此类的问题都不可避免要和数字打交道。无论是本科、硕士乃至于在博士阶段学习金融课程时，总是有金融越来越数学化的感觉，所以很多人认为学习金融课程非常难，不容易学懂，认为一学金融就必须先学数学。而且，我们在市场上所面对的金融产品也越来越复杂，除了最初简单的存款到较为复杂的贷款，再到更为复杂的保险产品、信托产品、基金、债券等，现在的金融体系里还有很多通过上述基本金融工具所派生出来的新金融工具（我们称之为金融衍生工具），于是金融变得越来越复杂了。

针对金融专业的发展和学习来说，学习相关技术性的东西是十分必要的，因此金融确实是一门技术活。但是对于普通人来说，重要的不是如何去计算、如何去建模、如何去做实证分析，更重要的是掌握金融思想。这种思想其实是每个人内心当中都有的一种思想，只是没有清晰地去提炼和思考它。实际上，每个人在金融方面都有基本的素养，所以本书的目的不是教大家如何去做模型，也不是教大家如何去计算，更多的是希望给大家一个思想上的引领。

五 金融更是一种思想

在日常生活当中，大家处处都会碰到一些与金融相关的理念，这些理念实际上也体现了金融的一些思想，如图 1.3 所示。

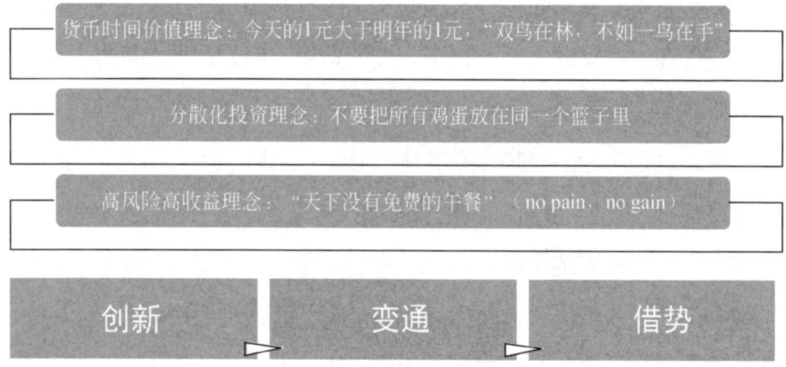

图1.3　金融更是一种思想

1. 货币时间价值理念

货币时间价值理念，听起来很抽象，但实际上很好理解。比如，你今天拥有的 1 元钱和一年之后的 1 元钱相比，哪个价值更大呢？我们其实很清楚答案是什么：今天的 1 元钱的价值比明年同样的 1 元钱的价值要大。这是为什么呢？因为任何人都是偏好于当前消费的，我们偏好于当前去开支，缺乏等待的耐心，而且一年之后甚至多年之后再给你 1 元钱的时候，由于通货膨胀，商品的价格已上涨，况且在未来这 1 元钱还包含着风险，所以我们宁愿拥有现在这 1 元钱。有一句俗话说“双鸟在林，不如一鸟在手”，说的就是这个道理。所以，越早得到的货币，它的价值就越大。简单地说，钱越早获得，它的价值也是越大的，因此在比较一定金额的钱的价值大小时，我们心中就有“一杆秤”，越早得到这一单位货币，它的价值就越大。

2. 分散投资理念

再如分散投资理念，我们在做投资时，都知道一句话，叫作“不要把所有的鸡蛋放在同一个篮子里”。这里的“鸡蛋”实际上就可以看作我们的钱，“篮子”可以看作我们的投资标的物。最为常见的就是，在股票投资过程中，我们不要把所有的钱投在同一只股票上，因为如果这只股票选得不好，就会带来巨大的亏损。如果我们把钱分散在多只股票上做投资，也许有一些股票的价格会下跌，但另外一些股票的价格可能会上涨，两者相互抵消会使风险降低，当然伴随而来的是收益可能也不会太高。

3. 高风险高收益理念

分散投资理念也可以引出我们接下来要讲的第三个理念，它就是高风险高收益理念。这个理念并不意味着投资中承受了高风险就一定会得到高收益，它是指在事前如果想获得高收益，那么在一个有效的市场条件下，通常是需要承担高风险的，但这并不意味着事后因为承担了高风险就一定能得到高收益。风险和收益之间实际上是对称的，因为如果市场上的众多投资者都认为这项投资的风险很高，那么显然很多人会规避这项投资，那怎样才能够吸引那些风险承受能力高、厌恶低收益的人去做投资呢？必然要给这部分人一个更高的预期回报，但这仅仅是预期的回报，并不意味着事后一定会变成现实，它只是一个概率的问题，这便是高风险高收益理念。

事实上，我们在日常生活中碰到金融问题时，就可以用这些金融理念去思考问题。最近几年，我们发现有大量的居民遭遇网络电信诈骗。实际上，我们只要知道了高风险高收益理念就可以规避被诈骗的风险。这种诈骗利用的就是很多人贪图小便宜的思想，犯罪分子称可以给到足够高额的收益来诱惑投资者，而且还声称毫无风险。天上不会掉下这样的馅饼：有 20% 或 30% 这样高的收益率还说没有风险。这一定是骗人的，因为这是不符合高风险高收益理念的。因此，学会了金融理念，不但可以帮我们更好地理解金融知识，更重要的一点是能够帮助我们正确地认识金融这项活动，正确地认识金融当中赚钱或者亏损的一些现象，还可以帮助我们避开一些陷阱。

4. 金融的思想：创新、变通、借势

金融是一种思想，它的思想中包含很多内容，有创新、变通和借势等。

（1）创新思想

金融创新这个概念最早是由美籍奥地利著名经济学家熊彼特（Joseph Alois Schumpeter）提出，当时指的是新产品的生产、新技术或新的生产方法的应用、新市场的开辟、原材料新供应来源的发现和掌握、新的生产组织方式的实行等。一般来说，广义的金融创新是指发生在金融领域的一切形式的创新活动，包括金融制度创新、机制创新、机构创新、管理创新、技术创新和业务创新。

狭义的金融创新主要指金融工具和金融服务等业务创新。

事实上，金融是最具有创新意识的活动之一。金融创新背后的根本经济力量是竞争，它通常导致执行金融功能的方式的改进。比如，在原始直接融资时，“有钱人”和“缺钱人”之间如果互相不认识便无法实现资金融通，但是当银行等金融中介机构出现后，便可以解决信息不对称的问题，“有钱人”和“缺钱人”都可以通过银行实现资金的融通，间接融资的出现改变了资金融通的方式和功能的实现路径。

（2）变通思想

实际上，很多金融创新是针对我们现实生活中的很多限制或风险产生的，金融特别善于创造一种新的机制去规避一些限制或风险。因此，金融是很变通的，学久了金融的人都知道如何去变通。

期货的发明便是金融通过创新去规避风险的最好例证。假如，小 A 是一个卖豆浆的老板，他担心出现不利因素会导致大豆的价格上涨，于是决定提前跟大豆商签订交易合约，约定按照现在的价格在 6 个月后购买一批大豆，并支付一定的订金给大豆商。6 个月后如果大豆的价格真的涨了，小 A 还可以按照没涨价的价格买到大豆，因此成功规避了大豆涨价的风险。当然，大豆的价格最终是涨是跌都有可能，这也有赖于小 A 自己的判断。

（3）借势思想

金融当中有一个非常重要的思想，就是借钱做投资，即发挥财务杠杆的效用，这个思想用在我们现实生活当中就叫借势。

我们都知道，杠杆在日常生活中有很多的运用，其实在金融投资领域也可以运用。那么，什么是金融杠杆？简单来说，就是投资者使用的一个工具，使用杠杆工具后，不管最后的结果是收益还是亏损，都会以固定比例将其放大。因此在利用该工具之前，投资者要仔细分析其收益预期及可能风险。

比如，若小 A 手中只有 20 万元，却相中一套 100 万元的房子，小 A 支付了 20 万元首付，其余的钱向银行借款，这就相当于运用了 5 倍杠杆。再如上述期货的例子中，提前支付一定的保证金，锁定商品价格，这些都是金融杠杆的实战应用。

值得注意的是，金融杠杆虽然好用，但也会造成巨大损失。比如，在炒股时，如果股市下跌，杠杆融资的亏损也会成比例地加大，损失更加惨重。所以，在选择使用金融杠杆时，一定要进行全方位考虑，尤其要考虑现金流问题，不然后果不堪设想。

因此，金融其实非常讲究创新，讲究变通，讲究借势。对于以上思想，我们在学习金融的过程中会潜移默化地获得，进而对我们的生活产生很大的助益。

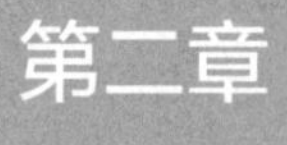

货币——金融的“万能”载体

一、钱≠货币

二、什么是货币

三、货币的种类与变迁

四、货币的本质

五、货币的未来

通过上一章的学习，晓晓开始对跟钱打交道有了初步了解，她发现，平时买东西可以用现金支付，也可以用微信钱包或银行卡里的钱去支付，钱好像有很多种存在形式，而且现在跟钱打交道更多是在线上。不管是现钞，还是银行账户里的数字，都是钱，那么钱跟货币是同一个概念吗？到底什么是货币，未来货币会变成什么样？

▶ 钱≠货币

日常生活中我们经常谈到“钱”，但钱并不完全和我们在金融课程里所讲到的另外一个概念——货币是等同的。

▶ 什么是货币

有很多人对货币进行定义，但实际上，任何一种能扮演交换中介和价值尺度的物品都可以被看成是货币。

▶ 货币的种类与变迁

货币经历了从无到有、从实物到虚拟、从有价值到无价值、从自然选择到由中央政府用法律来约定、从无中介到有中介进而有可能到去中介的过程。

▶ 货币的本质

货币的本质实际上就是货币的职能，也就是价值尺度和流通手段的统一。

▶ 货币的未来

货币的未来到底是什么样的形态？目前还很难说一定是私人数字货币或者是央行的数字货币，但货币必然会被数字化。

一 钱≠货币

那么在这一讲中，我们就来深入了解一下到底什么是货币。货币就是钱吗？实际上，钱和货币这两个概念是不一样的，我们在日常生活中处处会跟钱打交道，在日常交流的时候，自然也会有很多的日常用语跟钱有关系。但实际上，在不同的语境下，钱所代表的含义和范围不一样，如表 2.1 所示。

表2.1 钱≠货币

日常用语	含义	具体解释
你身上带钱了吗?	现钞	通货，流通中的货币
你在银行里存了多少钱?	存款	存款货币
巴菲特很有钱!	财富	除了货币，还有股票、房地产等资产
你一个月赚多少钱?	收入	包括工资收入、投资收益等

比如，有人问你“今天你身上带钱了吗？”，这个表述中的“钱”指的就是现钞。在金融课程当中，我们把现钞称为流通中的货币，也叫通货。大家应该经常听到“通货膨胀”这个词，通俗来讲，通货膨胀就是一个国家或地区的货币贬值，也就是市场上货币的供应量大于实际需要的量，从而导致货币贬值，物价上涨。

当然，通货膨胀并不仅仅是由现钞太多引发的。

再如有人问“你在银行里存了多少钱”，这个表述中的“钱”就与上一个例子中的“钱”不一样。上一个例子中的“钱”是身上带的钱，指的是现钞，是流通中的货币，而在银行存了多少“钱”则不同。我们在存钱的时候，当然可能是带着现金即现钞去存的，但一旦将现金存入银行之后，这笔钱在银行的账户上就体现为一个数字，这就是我们通常所说的存款。存款就不再体现为现金了，银行将存入的现钞收进去之后，这笔现钞体现在银行则属于银行的库存现金，这个“钱”没有流通出来，它是不算为流通中的货币的，也就是它不属于通货。如果有另外一个人从银行把自己存款里的钱取出了一部分，那么取出的这部分钱就是现金。

所以你会发现，“钱”在个人、企业、银行间会进行流动周转，而且会变化为不同的形式。我们接触最多的就是现钞和银行里的存款。但是大家一定要知道，存款就是一个数字，银行在发放贷款的时候，当然可以把钱从银行取出来以现金的形式存在，但大多数情况下，存款实际上还是体现在银行账户里的一个数字。

我们在日常生活中，接触的“钱”更多的是口袋里的现金、现钞。但是随着时代的发展，我们有了很好的支付工具，我们可以通过微信、支付宝等工具，把里面的钱或者是银行账户里的钱直接支付出去用于消费，不需要先提取现金再去支付消费了。随着这种支付方式的普及，现实生活中我们进行资金交易时，真正用现金的情况越来越少，从这也可以看出，现在“钱”所体现的形式越来越数字化了；“钱”体现为一个数字，就是在账户与账户之间转移的一个数字而已。

这里一定要说明的是，现金用得越来越少，并不代表现金就没用了，更不代表现金不再是“钱”了。近年来，有人在日常消费中遇到了拒收现金的情况，中国人民银行也在持续推进整治拒收人民币现金的工作。大家一定要知道，人民币（CNY）就是我们国家的法定货币，不管是哪一种形式，无论是现金还是存款以及其他任何的形式，人民币的法定地位是不容置疑的，商家更是没有权利拒收人民币现金。

我们在日常用语当中还会说到“巴菲特、索罗斯或某某很有钱”。在这个表述中，“钱”的概念就不仅仅意味着现金或者银行存款了，它还可以体现为所拥有的住房、企业、珠宝、黄金等。因此，这里的“钱”更多地体现为“财富”，既包括现金、存款、股票、债券等虚拟形式的财富，也包括房子、黄金、白银等实物资产。

在日常用语中，我们还会问“你一个月赚了多少钱”，这个表述中“钱”的概念实际上就体现为收入，这个收入既可以是现金，也可以是转账到你银行卡里的钱。

所以，日常生活中我们经常谈到“钱”的概念，但它并不完全和我们在金融课程里所讲到的另外一个概念——货币是等同的，这两者实际上是有很大差异的。我们这一讲就是让大家来认识一下在金融课中不得不讲的一个概念，而且也是最基本的一个概念——货币。

二 什么是货币

提到货币，我们的头脑当中立即闪现出来的就是现钞，比如在中国使用的人民币、在日本使用的日元、在美国使用的美元、在欧盟国家使用的欧元等，如图 2.1 所示。但这些其实仅仅是货币当中很小的一部分，仅仅是现钞。现在全世界有 200 多个国家和地区，有近 200 种这样的现钞。这些现钞在整个货币框架中只是非常小的一部分，真正大量的货币体现为存款。

图2.1　欧元、美元、日元举例

（来源：欧央行、美联储、日本央行官网）

就像我们前面提到的，我们在银行体系当中进行资金周转时并不需要使用现钞，因为使用现钞效率低且成本高昂。实际上在银行体系间通过账户记账就可以实现价值的转移，这就非常便捷、高效，而且成本低，所以货币目前主要包括现钞和存款。

货币本身到底有怎样的含义呢？有很多人对货币进行定义，有人把货币定义为扮演一般中介物、一般等价物的商品，有人则认为只有黄金才是货币。

我们先从形态上来看，从古至今，随着经济的发展，货币的形态逐渐改变。最初是由商品来扮演货币，后来逐步变成由国家通过法律的方式来规定货币，现在随着技术的发展，也有越来越多通过技术的方式生成数字货币的情况。

关于到底什么是货币，社会上充斥着众多的说法，但实际上，我们只要知道两个概念就可以了，即任何一种能扮演交换中介和价值尺度的物品都可以被看成是货币。当然，货币除了这两个职能之外，还派生出支付手段、价值储藏手段等职能，甚至有一种说法也越来越被大家所接受，这种说法认为货币就是货币的职能。它的意思就是货币并不需要一定体现为一种物品、一个商品，而体现为它的职能，即它是做什么的就体现什么职能，而货币最基本的两个职能就是交换中介和价值尺度。

这两个概念乍听起来很学术，实际上却很好理解。我们先来看价值尺度这个概念。价值尺度就是说我们在衡量商品或者衡量资产价格时，是以货币作为单位的。比如“这只股票值 50 美元”，美元就作为了价值尺度；“那一栋在北京的别墅值 1 亿元人民币”，这里是用人民币来作为价值尺度的。将货币作为标价的单位，这就是价值尺度的含义。

另外一个概念——交换中介，就是在做商品、服务、资产交易时，交易对手之间需要用货币去和交易的标的物进行交换，这就是交换中介或者叫流通手段。我们在做任何交易的时候都有一个对应面，不论交易的标的物是商品、服务还是资产，一定会有一个对应物，那就是货币，即用多少钱来做这笔交易。比如你去买5千克大米，你支付货币，然后拿走大米；又如你去理发店剪头发，理发师给你剪完，你支付货币，这样交易就达成了。这就是货币的流通手段职能。

三 货币的种类与变迁

如果我们将时间拉长到更加久远的时代就会发现，货币的种类非常之多，也发生了种种变化，如图 2.2 所示。

最早的物物交换时期是没有货币的，但是不难想象，物物交换会非常麻烦，因为需要双重耦合，也就是对方所需要的物品也正好是你提供的物品，而对方提供给你的物品也正好是你需要的。

以物易物经济	货币经济			
无货币	商品货币	金属铸币	信用货币	?
“物物交换”	绵羊 贝壳	金币 银币 铜币	纸币 电子货币	数字货币

从无到有/从实物到虚拟/从有价值到无价值/从自然选择到法定/从无中介到有中介进而去中介

图2.2　货币的种类与变迁

随着经济的发展，诸如贝壳、绵羊等逐渐作为一般等价物在商品交易中扮演交换中介的角色。随着时间的推移，以金属（比如黄金、白银、铜等）作为货币的阶段出现了。又过了一段时间，人们开始发现，原来货币本身不一定需要价值，只要大家相信它可以交换到自己想要的东西就可以了，所以接下来就出现了纸币。纸币的出现是货币发展的重大突破，这是货币转化为信用货币的良好开端。这意味着人们不再觉得货币本身必须有价值，而是作为价值的代表即可，这也使交易变得非常便利。北宋时期出现的交子成为中国最早的纸币，交子也是世界上最早使用的纸币。

到后来，技术的发展让货币的形态进一步发生重大改变。随着技术的发展，大量体现为银行存款这样的电子货币产生。到了现在，随着信息技术的迅猛发展，尤其是区块链技术的发展，与电子货币不太一样但大家认为有所相似的数字货币又出现了。数字货币包括民间的数字货币和央行的数字货币。

从古到今，货币经历了从无到有、从实物到虚拟、从有价值到无价值、从自然选择到由中央政府用法律来约定、从无中介到有中介进而有可能去中介的这样一个过程。通过货币的变迁，我们看到，无论是体现为哪一种形式的货币，它都在扮演两种最基本的职能：一个是流通手段，另一个就是价值尺度。

四 货币的本质

了解完货币的发展，我们再继续深挖一下货币的本质。我们先来思考一下这几个问题：

货币是否一定是商品？不一定。货币本身是否一定要有价值？这也不一定。实际上，从上面对货币的发展历史和货币种类的学习中，我们已经知道，货币的形态经历了很多变化，货币从金银变成纸币，再从纸币变成电子货币、数字货币，这个变化的过程足以解答上述两个问题。因为如果货币的功能就是衡量价值以及方便流通进行交易的话，货币当然不非得是商品，无论是现金还是银行账户里体现为一个数字的存款，只要能代表我们拥有的财富的价值就可以了，而且货币也不需要具有价值。比如一张 100 元的纸币，这张纸本身是没有什么价值的，但是它代表了 100 元的价值，体现了货币的一个价值衡量的功能。

货币必须是有形的吗？显然货币也并不一定是有形物，它可以体现为一个数字，是在信息系统当中账户里面的一个数字。

所以通过上述几个问题的思考，我们也能深刻体会到，货币的本质实际上就是货币的职能，也就是**价值尺度和流通手段的统一**。

五 货币的未来

关于货币的前世我们已经了解，下面我们来看看货币的未来，也就是未来的货币到底会有什么样的变化趋势。

1974年获得诺贝尔经济学奖的著名经济学家哈耶克（Friedrich Hayek）提倡一个理念，就是货币应该通过竞争的机制来选择，而不应该由国家来垄断发行。他认为，货币与其他的商品一样，也应该引入竞争机制，所以他写了一本书叫《货币的非国家化》。现在大家所使用的无论是人民币、美元、欧元还是其他的主权货币，都是由某个国家或某个货币联盟所发行的法定货币。

技术的发展，尤其是互联网技术的发展，带来了移动互联网、大数据、区块链、云计算、5G等一系列新的信息科技浪潮，特别是区块链这个技术的发展又让我们看到了一些新的货币形态，也就是数字货币。

在数字货币出现之前，我们看到，除了现钞这种货币之外，大量的货币是以银行存款的形式体现的。银行存款是在电子系统里所记录的一个数字，属于电子货币。但是电子货币和目前市面上产生的民间数字货币以及包括中国人民银行在内的很多央行推出的央行数字货币是有本质区别的，尽管它也体现为信息系统里面的一个数字。

1. 货币数字化将是人类社会发展的必然趋势

数字货币到底会怎样？未来的货币是不是一定是数字货币？到底是民间的数字货币，还是央行的数字货币？带着这些问题，我们再来了解一下数字货币。

数字货币或者货币的数字化确实是未来人类社会发展的一个必然趋势。因为我们的经济已经在数字化的发展过程中，显然经济当中的价值尺度和流通手段也必然会被数字化。比如，现在大部分人会网购，当我们在网上买东西的时候，必然也需要在线上进行支付，因此货币在发挥其价值尺度和流通手段功能时，也必然要能够适应互联网的环境。

在这种大趋势下，到底人类会选择哪一种数字货币作为未来的货币？是由竞争来选择，还是由国家政府通过法律来直接确定？是由竞争的方式来发行，还是通过垄断的机制来发行？这都有待于未来去观察研究，现在还很难下结论。

2. 数字货币的种类

数字货币分为两种：一种是私人数字货币，一种是法定数字货币。我们接下来将对比这两种数字货币，分析两者与此前所讲到的银行存款（即电子货币）有怎样的本质区别。

（1）私人数字货币

我们首先来看私人数字货币。近十几年来，数字货币的发展如火如荼，突飞猛进。以2009年前后比特币的产生为标志，数字货币的发展方向非常广泛，而且影响深远。前前后后数字货币有成千上万种，有的数字货币规模比较大，有的数字货币规模比较小，这就已经充分体现出竞争机制。

前文提到，全世界200多个国家和地区发行了200多种现钞，大家认为这已经足够多了，但是在这十几年的时间里，私人数字货币却产生了成千上万种，它的竞争是非常激烈的。能够在竞争中脱颖而出，显然是市场选择的结果，也能够表明这种数字货币有它自身的优势。

目前，比特币是市面上价值规模最大的一种数字货币。比特币的概念最初由中本聪在2008年11月1日提出，如图2.3所示，并于2009年1月3日正式诞生。比特币是根据中本聪的思路设计发布的开源软件以及建构于其上的P2P网络。比特币是一种P2P形式的数字货币。比特币的交易记录公开透明。点对点的传输意味着一个去中心化的支付系统。

Bitcoin: A Peer-to-Peer Electronic Cash System

Satoshi Nakamoto
satoshin@gmx.com
www.bitcoin.org

Abstract. A purely peer-to-peer version of electronic cash would allow online payments to be sent directly from one party to another without going through a financial institution. Digital signatures provide part of the solution, but the main benefits are lost if a trusted third party is still required to prevent double-spending. We propose a solution to the double-spending problem using a peer-to-peer network. The network timestamps transactions by hashing them into an ongoing chain of hash-based proof-of-work, forming a record that cannot be changed without redoing the proof-of-work. The longest chain not only serves as proof of the sequence of events witnessed, but proof that it came from the largest pool of CPU power. As long as a majority of CPU power is controlled by nodes that are not cooperating to attack the network, they'll generate the longest chain and outpace attackers. The network itself requires minimal structure. Messages are broadcast on a best effort basis, and nodes can leave and rejoin the network at will, accepting the longest proof-of-work chain as proof of what happened while they were gone.

比特币：一种点对点电子货币系统

Satoshi Nakamoto
satoshin@gmx.com
www.bitcoin.org

Translated into Simplified Chinese from bitcoin.org/bitcoin.pdf
by @shdxiang
xiaoxiang.io

摘要. 一种完全的点对点电子货币应当允许在线支付从一方直接发送到另一方而不需要通过一个金融机构。数字签名提供了部分解决方案，但如果仍需一个可信任第三方来防止双重支付，那就失去了电子货币的主要优点。我们提出一种使用点对点网络解决双重支付问题的方案。该网络通过将交易哈希进一条持续增长的基于哈希的工作量证明链来给交易打上时间戳，形成一条除非重做工作量证明否则不能更改的记录。最长的链不仅是被见证事件序列的证据，而且也是它本身是由最大CPU算力池产生的证据。只要多数的CPU算力被不打算联合攻击网络的节点控制，这些节点就将生成最长的链而超过攻击者。这种网络本身只需极简的架构。信息将被尽力广播，节点可以随时离开和重新加入网络，只需接受最长的工作量证明链作为它们离开时发生事件的证据。

图2.3 中本聪于2008年发表的论文中提出“比特币”概念

（作者基于原论文截图整理）

与大多数货币不同，比特币并不是由特定货币机构发行的，它是依据特定算法，通过大量的计算产生的。比特币使用整个P2P网络中众多节点构成的分布式数据库来确认并记录所有的交易行为，并使用密码学的设计来确保货币流通各个环节的安全性。具体的过程我们会在后文举例说明。比特币的总数是有限的，该货币系统曾在最初4年内只有不超过1050万个，之后的总数被永久限制在2100万个。

但是不同的国家和地区对于比特币能不能被看成是一种货币有不同的看法。比如在中国，比特币这样的私人数字货币是不被承认的，经过几年的政策限制甚至是取缔，做比特币这样的私人数字货币的交易或者提供相应服务的行为都已经被认定为非法活动。但在有些国家，这样的私人货币是得到政府认可的。所以不同国家对私人数字货币的态度是不一样的。我们不从价值判断的角度下定论，只从技术的角度去看一下目前市面上这样的数字货币到底是什么样的技术原理。

什么是比特币？我们不妨从技术的角度来研究一下比特币这样的私人数字货币。实际上，比特币是一个支付系统。此前我们在转账的时候，通常是通过银行之间的记账方式来实现汇款。比如，A想给B转账：A的钱在工商银行的账户里，B接收钱的账户为中国银行的账户，那么这笔交易就相当于从工商银行向中国银行汇一笔款，那么工商银行账户的钱就会被减记，中国银行账户的钱就会被加记。由于是跨行汇款，所以通常还会引入中央银行在这个过程当中扮演记账的角色，这样就实现了钱的汇划。

同样是汇一笔钱，在比特币这个系统中，汇款不需要工商银行、中国银行，也不需要中央银行。它实际上可以在两个主体之间直接进行钱或价值的转移，不再需要中介机构的参与。这就是去中心化或者叫去中介化的机制。

那么比特币是如何实现从A到B价值的直接转移的呢？两个

人直接见面当然是一手交钱一手交货，这样可以做到点对点的交易，不需要银行，也不需要中央银行。但是在互联网的世界里，A 和 B 见不到面，甚至远隔重洋，怎么能够取得信任呢？比如你把钱给了对方，对方不一定会给你货物，在这当中就存在一个信任和安全的问题。也就是说，需要实现价值安全无忧地转移。这就引入了加密机制，当中涵盖了加密的算法，这个加密的算法是比较复杂的，我们姑且不用去理解它。总而言之，在比特币的支付系统里，通过点对点完成了价值的直接转移，而且不会被互联网中的其他人所窃取，因此就必须加密，必须保证安全。所以它建立了一个机制叫“挖矿”，只有算法最好、算力最强、算得最快的那个节点可以完成这一笔记账，记账的人就需要得到奖励，因为在记账时拼命去运算是要付出很多成本的，这个过程当中得到的奖励就产生了比特币的发行，同时也完成了一个记账的过程，就是把种种的交易记录写入一个区块，这个区块一旦成功写入是不能被篡改的，如图 2.4 所示。

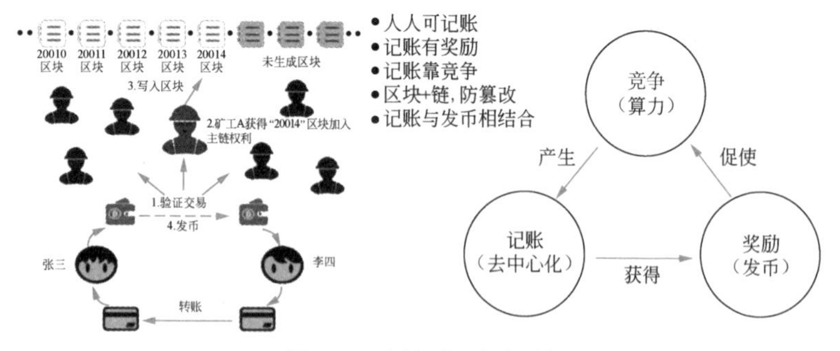

图2.4 比特币运行机制

这样，比特币就实现了通过竞争的机制来促使发币，通过发币的激励来促使记账的过程。要能够得到记账权，就必须通过技术的方式去获得记账权。这个系统实际上比较安全、去中心，但是效率比较低。尽管比特币这个系统很安全，同时也没有任何诸如中央银行或商业银行等中心化的机构扮演中间角色，但是它有一个弊端，就是效率比较低。

这也就引出了数字货币里的“三元悖论”：也就是说，如果要去中心化并保证安全的话，效率就必然会很低；相应地，如果不去中心化，有一个中心化的机构在当中扮演角色，也就是私有链，显然安全性可以很高，效率也可以很高。现有的中央银行和商业银行这样的二元记账系统其实就是一个中心化的，由可信的第三方来扮演角色保证安全，而且运行效率也非常高，但是它损失了去中心化这一维度。它保证了安全，保证了高效，但是它没有去中心化。所以三者都要兼得，既要去中心化，又要安全，还要高效，其实是很难做到的。这就是数字货币当中的“三元悖论”（见图 2.5）。

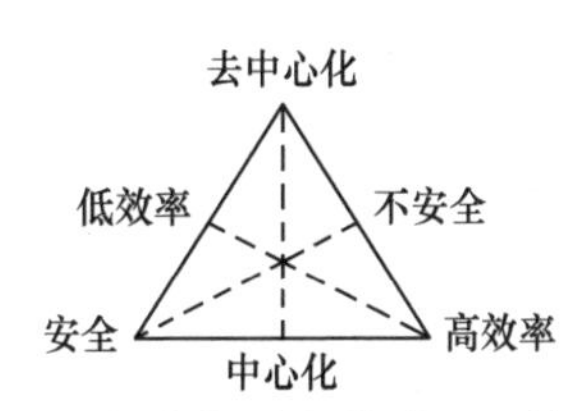

图2.5　数字货币中的“三元悖论”

相应地，比特币也有其优点和缺点，如图 2.6 所示。总体来说，比特币有很多的优点，比如说点对点去中介化，不需要银行在中间扮演角色，相应的汇款费用也就可以降低，它基于这个算法达成了两者之间的信任，自 2009 年前后诞生以来，实际上比特币已经安全运行了很多年。

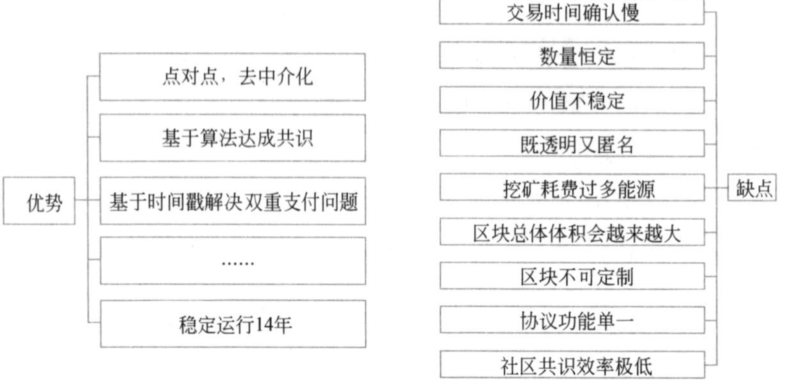

图2.6　比特币的优缺点

比特币也有很多缺点，比如在高速运转时要消耗很多电，会产生很多浪费，消耗很多的能量。同时它的价值非常不稳定，波动性很大。我们来看一下比特币从最开始产生到现在它的价格变化，2009 年 1 月，第一枚比特币是 0 元；2010 年，1 万枚比特币相当于 25 美元的比萨优惠券；到了 2013 年，比特币价格创新高，1 枚比特币等于 1147 美元，超过当时的黄金价格；2014 年，比特币又跌至 150 美元；2017 年之后仍然是“过山车”行情，经常暴涨暴跌。比特币从最开始的一钱不值到最高涨到 1 枚比特币相当于 6 万美元，不但它目前的价格非常高昂，关键在于它的价格非常不稳定。

要知道，作为一种货币，它至少需要具备两个特点：一是价值要相对稳定，二是价值不能够快速上升。价值是价格形成的基础，价格是价值的货币表现形式，因此只有价值稳定，才能够保证商品价格、服务价格、资产价格不会出现因为货币本身价值的波动而产生的巨大波动。假设我们用比特币来衡量商品价格的话，起初一个商品可能需要很多的比特币来购买，例如最初在 2010 年时，比特币不太值钱，1 个 25 美元的比萨需要花 10 000 个比特币来购买。但后来 1 枚比特币的价值达到 5 万美元左右，显然，1 枚比特币就可以购买到 2000 个比萨。因此一个比萨的价格如果用比特币来衡量的话，它就发生了巨大的变化。而且在日常生活中，比特币每天的价格都是波动非常大的，反过来用比特币去衡量的商品价格也会波动非常大，所以当一种标的物本身价值剧烈波动时，它是不适合作为货币的，因为这会导致整个市面上的商品、服务、资产的价格发生剧烈的波动，相信投资者和消费者也是难以容忍这么大的价格波动的。

另外，作为货币，它的价值本身需要相对稳定，价格不能够快速上涨。但实际上，2021 年前后，比特币的价格上涨得非常快，那么用它来度量商品或者资产的价格时，商品和资产的价格就会越来越低。在商品交易中，举例来说，比如买进商品时，商品价值 10 000 个比特币，而卖出时，因为比特币的价格上升导致商品只值 0.0001 个比特币，显然会出现巨大的亏损，导致价值巨大的损失。所以如果一个标的的价格上涨得非常快，它也不太适合作为货币。

那么问题来了，比特币能成为货币吗？通过上面的分析，我们不难发现，这其实很难，原因就是比特币的数量只有 2100 万个，是有限的，在数量有限的情况下，只要大家相信它的价值，它的价格一定会越来越高，因此比特币从最初毫无价值，涨到现在一个比特币价值 5 万美元左右。在历史上，黄金也是这样的情况。结果随着社会化大生产，生产规模越来越大，而因为黄金的稀缺，用黄金作为货币显然商品的价格会越来越低，所以黄金最终退出了货币的历史舞台。显然，比特币因为数量有限，具有稀缺性，所以它也无法成为真正的货币。也就是说，某一种标的物要成为货币，它必然不能具有稀缺性。另外，比特币的价格高度波动，这也让其无法成为货币。因为标的物要成为货币，它的价格必然是稳定的，如图 2.7 所示。

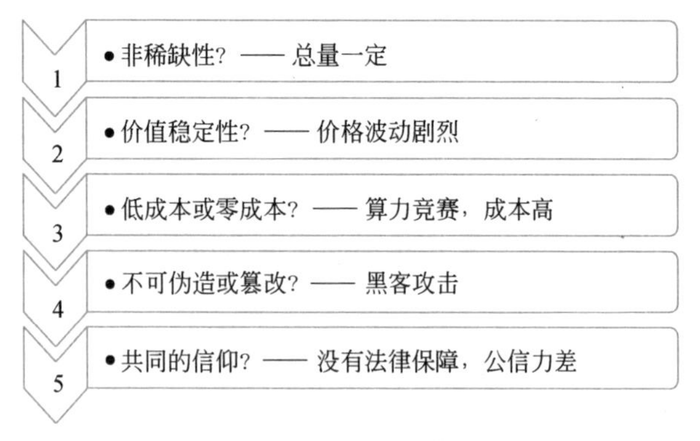

图2.7　比特币能成为货币吗？

当然还有很多其他的问题，导致比特币难以成为货币，但最为关键的还是因为它数量有限，而不能称作一种真正的货币，只能成为一种被炒作的资产。当然，比特币也可以在某些环境下成为一种支付手段，它也有其他相应的一些功能，比如可以作为价值储藏的手段，可以扮演货币的某些职能，也可以就像平时买黄金那样，把比特币作为一种收藏品进行收藏，因为它本身是有价值的。但是比特币要真正成为大家普遍使用的货币，还具有很多无法克服的缺点。

（2）央行数字货币

与私人数字货币对应的，就是央行推出的数字货币。目前，我们已经可以看到有很多国家的央行在推行数字货币。北京航空航天大学教授、清华长江讲座教授、北航数字社会与区块链实验室主任蔡维德教授的观点是，央行数字货币的起源是英国央行在2014年发表的一篇论文，这篇论文中提到了支付技术的创新，同时也认为加密数字货币如比特币等没有信用风险，也没有流动性风险。紧接着，2015年英国央行提出数字英镑计划，开启了央行数字货币（CBDC）的历史。央行数字货币在传统上的分类有三种：第一种是零售型，就是个人与机构都可以使用的类型。第二种是批发型，就是银行或特许机构才可以使用的类型。第三种是合成型，就是机构或者银行发行管理数字货币，但资金却存在央行里面的类型。

在数字货币的研究方面，中国人民银行是比较领先的，我国央行早在2014年就开始提出要发展数字货币，中国版的数字货币被称为数字人民币，是指由中国人民银行发行，由指定运营机构参与运营并向公众兑换，以广义账户体系为基础，支持银行账户松耦合功能，与纸钞和硬币等价，并具有价值特征和法偿性的可控匿名的支付工具。经过了几年的时间，中国人民银行所推行的数字货币已经开始逐步试点。2020年首批试点的“四地一场景”，包括深圳、苏州、雄安、成都，加上冬奥会场景，试点均已经落地。2021年，第二批数字人民币面向公众的试点包括上海、海南、长沙、青岛、大连、西安六地，如表2.2所示。

表2.2 我国央行数字货币的研发过程

序号	行　动
1	2014年，启动对数字货币的研究
2	2016年，成立央行数字货币研究所
3	2017年，央行宣布在五年计划中推动区块链发展
4	2018年初，确定中国法定数字货币为DCEP（Digital Currency Electronic Payment）
5	2019年9月，DCEP开始“闭环测试”
6	2019年12月基本完成顶层设计、标准制定、功能研发、联调测试等工作
7	2020年10月以来，数字人民币陆续在深圳、苏州、成都、雄安、北京、上海、长沙、海南、青岛、大连、西安等地区进行测试
8	2020年，《中共中央关于制定国民经济和社会发展第十四个五年规划和二〇二三年远景目标的建议》指出，要“稳妥推进数字货币研发”
9	2020年，《中华人民共和国国民经济和社会发展第十四个五年规划和2023年远景目标纲要》指出，要“积极参与数据安全、数字货币、数字税等国际规则和数字技术标准制定”
10	2021年7月16日，中国人民银行发布《中国数字人民币的研发进展白皮书》，截至2021年6月30日，数字人民币试点区域有10个城市+ 1个冬奥会场景，覆盖生活缴费、餐饮服务、交通出行、购物消费、政务服务等多个领域132万个场景
11	2022年9月，中国人民银行数字货币研究所发布了数字人民币智能合约预付资金管理产品——“元管家”
12	2023年4月，常熟市在编公务员（含参公人员）、事业人员、各级国资单位人员实行工资全额数字人民币发放
13	2023年9月，在中国国际服务贸易交易会上，《数字人民币未来发展蓝皮书》发布。蓝皮书描绘了以“零散分布、各自为政—局部融合—形成全球体系”为主线的央行数字货币全球发展趋势，并畅想数字人民币的未来发展蓝图

（来源：作者根据公开信息整理）

那么，中国的数字人民币是如何运行的呢？目前，数字人民币是双层运营体系。其中，上层的投放途径为央行对商业银行，央行按照 100% 准备金制度向商业银行批发兑换数字人民币，比如商业银行用 1000 万元人民币从央行那里兑换出 1000 万元的数字人民币；下层投放的途径是商业银行对公众用户，个人或者企业可以用 100 元的人民币去兑换 100 元的数字人民币，同样是等价值交换。数字人民币跟我们平时“钱”都是一样的使用方法，比如你有 100 元的数字人民币，你就可以去买等价的东西。

“双层运营”模式以央行货币发行为中心，这样可以巩固货币主权地位，也就是说，仍然保持着货币的法定效力。像之前的货币一样，只有中央银行才具有货币发行的权力，整体上属于“央行—商业银行—公众”的货币流通体系，与正常的货币流通体系并无差异。通过上述分析，我们不难发现，数字人民币实际上并没有实现去中介化，在整个运行过程中，中央银行和商业银行仍然参与其中。

从全球视角来看，对于央行的数字货币而言，也面临种种挑战。

第一个挑战是人们愿不愿意用。人们的使用意愿要看市场的选择，特别是用户的偏好。如果人们并不想要用数字人民币去代替现有的人民币现钞或其他支付方式，认为人民币现钞或其他支付方式就能完全满足日常的交易需求，也足够便利，那么数字人民币似乎就没有必要推出了。因为不管是什么货币，最终的功能就是充当价值衡量和流通使用的，如果现有的货币能够很好地履行这个职能，那么似乎也不太需要去变换。

第二个挑战是安全问题。例如，一旦推出人民币的数字货币，是否会受到黑客的攻击，等等。安全对于货币来说是至关重要的，毕竟谁也接受不了自己辛苦积累的财富在存放和交易时是不安全的。我们的货币从纸币或者说现钞，过渡成电子货币之后，实际上也面临着相应的安全问题，比如经常会出现账户被盗等情况。技术的发展能带来效率的提高和交易的便利，但也同步带来相应的风险。我们对互联网认知的不全面，以及互联网发展的不断更新迭代，都会使互联网环境具有无法预知的风险。

第三个挑战是是否会对商业银行产生影响。我们知道，商业银行的主要运营模式就是吸收存款人的存款，再给借款人发放贷款，从中赚取利息差，存款是商业银行赖以生存的基础，一旦数字货币出现，并且进行去中心化，商业银行的存款变成了数字货币，那么一定会对商业银行的发展产生很大影响，商业银行的存款可能会越来越少。更极端的情况是，所有的货币都以数字货币的形式存在，并且不再需要中介，这时候，那么商业银行还需要存在吗?

第四个挑战是央行之间的竞争。当各个国家或地区的央行都有自己的数字货币时，它们之间其实也有竞争问题的存在。所以当中国人民银行宣布要做数字人民币时，美联储就觉得很有压力，也开始对数字货币进行研究。从全球视角看，全球的经济合作和贸易往来，必然涉及交易和结算，各个国家或地区的货币形态以及货币之间的汇率变化都影响巨大。比如，有的国家认可数字货币，愿意去使用数字货币，有的国家不认可数字货币，不使用数字货币，那么这些国家之间如何协调全球贸易的结算和交易呢？再进一步说，即使最后全球都开始使用数字货币，大家都进入了数字货币时代，那么各个国家和地区的数字货币是否还像现在一样，存在着强势的货币呢？是否还像现在一样，将美国的数字货币作为全球最主要的结算货币呢？这些问题都会给各个央行带来一定的挑战。

第五个挑战是是否会对原有的货币政策框架产生影响。比如，原来货币都是由中央银行发行的，各个国家和地区基本都坚守着货币法定的原则，这样可以保证货币发行的权威性，但是如果全部选择数字货币作为未来的货币，那么是否会去中介化。如去中介化，中央银行以及上述提到的商业银行，它们的功能和定位可能都需要发生变化，甚至不知道是否有必要存在了。

以上都是需要我们随着数字货币的发展进一步去研究和回答的问题。总体来说，货币的未来到底是什么样的形态，目前很难说一定会是私人数字货币或者是央行数字货币，但货币必然会被数字化，因为数字经济的发展是可以预判的，一定是未来的发展趋势，而数字经济以及线上活动的普及，必然需要货币也随之数字化，这样才能发挥货币的基本功能，成为数字经济活动的价值标尺和交易中介。

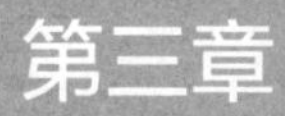

第三章

个人金融——你不理财，财不理你

一、个人金融：金融教育遗忘的角落

二、人生是一个现金流

三、个人金融：管理人生的现金流

四、个人或家庭的三张“财务报表”

五、理财的范畴

六、资产配置与风险管理

通过前两章的学习，晓晓从宏观层面大概了解了金融——这个和钱打交道的活动，也知道了一些货币的基本知识，但是对应到自己身上，她应该怎样规划自己的钱财呢？晓晓发现，人在不同的人生阶段，出于不同的目的和意愿，可以选择的财富规划好像非常多，到底要怎么去选择呢？这一章就来讲讲与个人息息相关的金融话题，也就是个人金融。通俗地说：你不理财，财不理你。

▶ 个人金融：金融教育遗忘的角落

在整个金融教育当中，个人金融的教育是一个被遗忘的角落，没有正规的课程让大家真正从个人的角度去学习金融，了解如何学好金融并规划好自己的财富。

▶ 人生是一个现金流

从个人角度来讲，纵观人的一生，生老病死，任何一个阶段，任何一起事件的发生都跟钱有关系。我们可以把人生看作是一个现金流，人的一生不可避免地要和金融打交道。

▶ 个人金融：管理人生的现金流

既然人的一生是一个现金流，那么个人金融活动本质上就是管理人生的现金流，通俗地讲就是理一生之财。

▶ 个人或家庭的三张“财务报表”

我们要如何把人生的现金流管好？我们要从最基础

的做起，对应企业的三张报表去编制个人或家庭的三张报表，分别是收支储蓄表、资产负债表和现金流量表。

▶ 理财的范畴

我们需要通过理财的计划去实现个人的生涯规划。这两者是相互作用的。不同的时间段有不同的生涯规划，也需要我们相应地制订不同的理财计划。

▶ 资产配置与风险管理

资产配置并不是一个很高深的话题，具体体现为两个重要的维度：一是选择了哪些资产去投资；二是各个资产投资的比例到底是多少。在进行资产配置时，有一个很关键的要考虑的因素，就是风险问题。

一 个人金融：金融教育遗忘的角落

从金融学的角度来说，个人金融一般是从金融机构（比如商业银行）服务好消费者的角度来讲的，是以自然人为服务对象，利用网点、技术、人才、信息、资金等方面的优势，运用各种理财工具，为个人客户提供的财务分析、财务规划、投资顾问、资产管理等专业化服务活动。

具体地讲，就是金融机构运用金融等方面的知识、专业技术及广泛的信息资源等优势，根据客户的财务状况和具体需求，向客户提供全方位的、个性化的金融服务。除了提供一般性信息咨询外，还利用储蓄、融资、银行卡、个人支票、保管箱、保险、证券、外汇、基金、债券等各种理财工具，提出合适的理财方案，指导客户根据个人风险偏好合理安排收入和支出，通过个人资产的最佳配置，实现个人理想和目标。

而本章讲的个人金融，主要是从消费者个人角度来说的，是指消费者要如何建立一个正确的投资理财观，从个人一生的角度合理安排财富的积累与消费。实际上，在整个金融教育当中，个人金融的教育是一个被遗忘的角落，也就是没有正规的课程，让大家真正从个人的角度去学习金融。在整个大学教育过程中，并没有专门研究个人金融的课程。比如，在大学教育课程中，研究企业金融的有“公司金融”等课程，研究银行的有“银行管理”等课程，研究证券公司的有“投资银行”等课程，研究中央银行的有“中央银行学”等课程，研究公共财政的有“财政学”等课程，但是却没有研究个人或家庭的金融问题的课程。不过现在有很多培训课程能让大家了解个人或家庭的金融问题，比如理财方面的课程。这一讲我们就来重点帮助大家建立个人金融的框架。

二 人生是一个现金流

尽管金融学有太多内容跟金融机构相关，但是其实个人和家庭跟金融学也是息息相关的。从个人角度来讲，纵观人的一生，任何一个阶段、任何一起事件的发生都跟钱有关系。所以讲金融课程的时候，我们可以把人生看作是一个“现金流”。

在人生的“现金流”中，我们首先应该意识到，这个“现金流”存在时间错配的问题。比如，我们可能每天都需要花钱，但每个月才会得到一笔收入，也就是每个月领的工资，所以这就产生了一个矛盾。发工资在一个时间点，但是花钱却是在一个时间段，这就产生了收支不平衡、时间错配的问题。在日常生活当中，我们肯定不能等到发工资的那一天就把所有的钱花掉，也不能因为没有发工资而在有些时间点就完全不花钱。所以说，我们首先要有这样的概念，在日常生活当中，我们有现金的流入，也有现金的流出，但现金的流入和流出在时间上是不匹配的，在数量上也是不平衡的。

如果把这个时间错配和不平衡从整个人生的角度来看待，我们就可以很好地理解一生的现金流了。在小的时候，自己是不挣钱的，但是需要花钱，我们需要靠父母来抚养；而在父母年老时，我们可以赡养父母，这也是解决人生当中现金流不平衡的问题。

当我们步入工作岗位，随着职位的提升，收入越来越高，开始能够足额支撑自己和家庭的开支，往往还有剩余，那么剩余的资金就可以存入银行，也可以买股票，做其他投资等。在这个时期，我们的财富会越来越多，因此我们在中年时往往是有多余的钱的，这时就需要进行财富管理，进行投资，让财富积累得越来越多，以便为退休之后的生活做准备。

在退休之后，我们就不再有工资收入，更多是要靠退休之前所积累的财富以及养老金等来生活。我们积累的财富也是可以持续赚取收入的，比如投资是可以赚取收益的，把钱存银行也是可以产生利息的，买股票会发放红利，当然也可能会遭受股票价格下跌带来的损失。总而言之，我们在退休前积累的财富，放在不同的资产上做投资的时候，会产生相应的收益，但往往可能不足以支撑所有的开支。因此，我们退休之后有时候不得不去变现这些财富，比如从银行取出存款本金，卖掉在股票市场上投资的股票等，这样就会导致在退休后的财富逐步减少。在临终时，如果财富还有剩余的话，就可以作为遗产。当然，对于有些财富非常多的人，退休之后他的财富也并非一定会减少。

图 3.1 描绘了一个典型的个人财富状况，在上学阶段一般都处于缺钱的状况，所以体现为负财富，在中年时体现为正财富，在老年时财富会慢慢降低。

因此，从现金流、收入开支、财富角度来说，人的一生都跟金融息息相关，比如我们在年轻时可能比较缺钱，需要向银行贷款等；中年时期有了一定的财富积累，在进行财富管理时会涉及投资的问题，公司可能还会涉及融资的问题，有时为了防范疾病的风险可能还涉及保险的问题。所以，人生是一个“现金流”，人的一生不可避免地要和金融打交道。

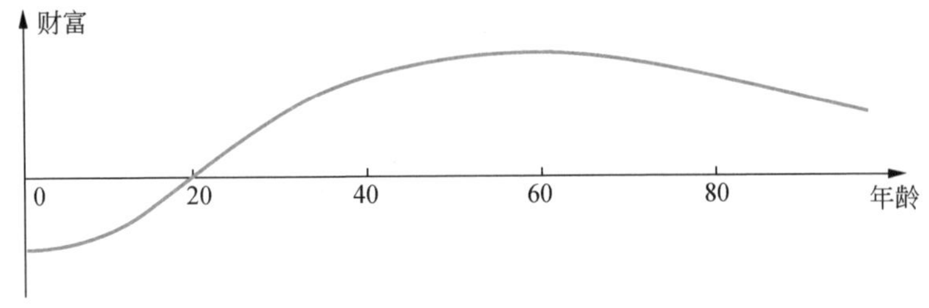

图3.1　人生现金流

三 个人金融：管理人生的现金流

既然人的一生是一个现金流，那么个人金融活动的本质就是管理人生的现金流，通俗地讲就是理一生之财。比如：我们产生收入的过程叫作赚钱，消费支出的过程叫作用钱；通过税收筹划来节税叫作省钱；通过保险信托方式来将钱更安全地进行传承叫作护钱；个人在钱不够时，通过银行贷款或者向亲朋好友借贷叫作借钱；当钱有富余时，把钱存入银行或者用于投资股票，甚至办企业，这个过程是广义的存钱。在人生当中，种种理财活动都跟钱有关系，实际上是理一生之财，这些都是个人金融所要关心的话题，如图 3.2 所示。

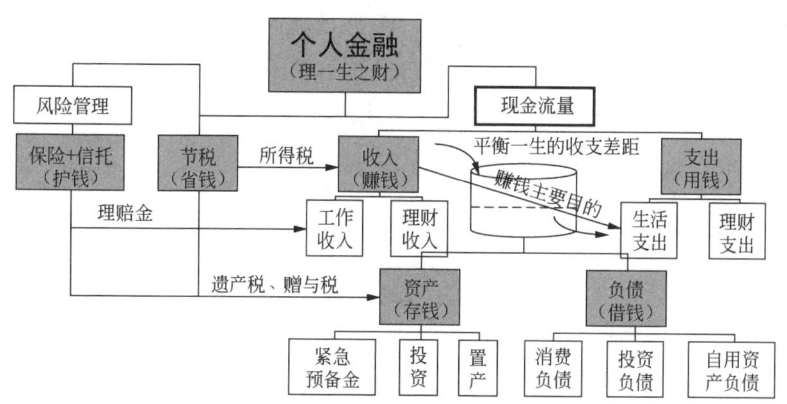

图3.2　个人金融：管理人生的现金流

（来源：《金融理财原理》，中国金融教育发展基金会金融理财标准委员会，林鸿钧，2007 年 2 月第 1 版）

通过上述对人生现金流的理解，我们知道，在人生的各个阶段，都需要跟金融打交道，尤其是要学会财富管理，这对我们平衡一生的现金流至关重要。不过，在日常生活中，很多人在做投资理财或者处理金融相关问题的时候，存在着很多误区。

误区一：理财就是为了赚钱。

我们经常认为，理财就是为了赚钱。当然，赚钱是无可厚非的，我们去做投资时，动机一定是赚钱，而且赚得越多越好；但现实情况是，任何投资和理财都不可能让我们赚取无限的收益，所以在进行财富管理时，除了赚钱这一个功能，其实还有一个非常重要的功能，就是平衡人生的现金流。

比如，我们在年轻的时候是缺钱的，如果没有父母抚养的话，我们该怎么办呢？我们可以把未来可能挣到的钱提前透支，那么用什么样的工具可以实现呢？其实非常简单，通过向银行申请贷款就可以获得投资未来的收入。以前，很少有人通过贷款买房，但是在2000年之后大家已经很习惯借钱买房了，这种方式实际上就是弥补了在年轻时收入不够、财富不足的问题，实现了现金流在时间上的良好搭配。因此，理财并不一定是为了赚钱，特别是诸如买保险，其实是为了平衡人生当中的风险。很多人在买保险时会有一个误区，认为买保险就是为了赚钱，实际上很多的保险产品，特别是保障功能的保险产品，其目的主要是规避风险，并不是赚钱。

误区二：理财就是投资。

有人认为，理财就是投资，这显然是把理财的含义给狭义化了。投资是理财当中的一种行为，但理财包括投资、保险、税收筹划等很多活动。人生当中与钱有关的种种规划，都跟理财有关系，不是把剩余的钱去做投资才是理财。从金融学的理解来看，理财指的是对财务（财产和债务）进行管理，它以实现财务的保值、增值为目的。理财分为公司理财、机构理财、个人理财和家庭理财等。本章我们提到的理财，可能含义会更加广泛，我们平衡人生现金流的与钱相关的行为，可能都可以算作理财。上文提到的通过申请按揭贷款来买房，也是一种理财行为，买房属于投资行为，为了买房去银行贷款，则属于一种融资行为。所以，所谓的理财也不仅仅是把财务往外投，被投资也是一种理财，不懂得被投资也就不懂得怎么更好地理财。理财更不仅仅是金融机构向你销售金融产品，实际上也是在帮你做好资产的搭配。

误区三：收入低不需要理财。

还有人认为，如果收入很低，根本就不需要理财。其实并不是这样的，人人都可以理财，人人也都需要理财，而且收入低更应该理财。当然，这个收入低是相对的。对于大多数工薪阶层来说，每个月拿到的工资，是选择活期存款，还是选择定期存款，或是选择零存整取等，这都属于理财活动。理财活动处处都有。不管有没有钱，都需要理财，在任何时间点领悟到学会理财的重要性，都不算晚。我们应该从人生现金流的角度，将理财认定为一件终身大事，而不仅仅是让人一夜暴富。

四 个人或家庭的三张“财务报表”

我们知道了，人的一生就是一个现金流，那么我们要如何把我们人生的现金流管好，如何把我们一生的财富管得更加安全贴心呢？我们先要从最基础的做起，需要大家自己对应企业的三张报表去编制个人或家庭的三张报表。为什么前面说个人金融是我们金融教育遗忘的角落呢？原因就在于很少有人或家庭真正去编制自己家庭的财务报表。

我们知道，企业都拥有三张报表，分别为资产负债表、损益表（或者叫利润表），以及现金流量表。对应企业的三张报表，个人和家庭也有三张报表，分别是收支储蓄表、资产负债表和现金流量表。

前面所讲到的个人金融整体框架，出发点就是要通过这三张报表很好地把自己家庭的财富收支、现金流入流出状况进行统计，在这个基础上才能够进一步思考如何做好投资，如何做好保险规划，如何做好税收筹划等理财活动。

1. 收支储蓄表

第一张报表是收支储蓄表。它是最容易理解的一张报表，它实际上记录了我们个人或者家庭到底有哪些收入，以及有哪些支出。收入扣掉支出剩下来的就是结余，我们把它称为储蓄，如

图 3.3 所示。

<table>
<tr><th>收入</th><th>支出</th></tr>
<tr><td rowspan="2">薪资收入
佣金收入
房租收入
利息收入
变现资产资本利得
其他收入</td><td>家庭生活支出
房租支出
贷款利息支出
保费支出
其他支出</td></tr>
<tr><td>储蓄</td></tr>
</table>

图3.3　收支储蓄表

（来源：《金融理财原理》，中国金融教育发展基金会金融理财标准委员会，林鸿钧，2007 年 2 月第 1 版）

每个个人或家庭的收入支出情况不尽相同，现实生活中，我们可以有很多种形式的收入。一般来说，工作可以产生工资收入，投资可以产生利息收入、资本利得等，房屋出租可以产生租金收入。如果你是一名作家，发表文章会产生稿酬收入；如果你在企业担任顾问，还有顾问收入；很多扮演中间人角色的职业，比如买卖房屋的中介人员，可以得到佣金收入；等等。每一个人、每一个家庭都可以去核算自己一个月到底有哪些收入，收入到底有多少，相信每个人、每个家庭是很容易记录的。日积月累，年复一年，我们就可以编制出月报、季报、半年报、年报，这样我们就可以很好地统计自己或家庭的收入状况，也就是首先做到了对自己或家庭的财富收入心中有数。知道了赚多少，我们还得知道支出多少，才能真正做好财富的分配。我们在生活中会产生各种家庭开支，比如承租房屋产生的房租支出，申请贷款产生的利息支出，购买保险产生的保费支出，还有其他一系列支出。将这些支出都予以记录，就可以编制出收支储蓄表，清晰地反映我们的收支储蓄状况。

但我们不得不承认，现实生活中很少有家庭、个人去做这项工作。实际上，现在很多收入都在银行存款或者其他的电子系统中有所体现，很容易就可以把这些数字导出来，通过 Excel 来编制收支储蓄表，这样就能够清楚地反映自己的收入支出情况。

2. 资产负债表

第二张报表就是资产负债表。资产负债表是从某一个时点看我们有多少资产，有多少负债。资产减去负债就反映了我们有多少净财富，我们把它称为净值。图 3.4 的左侧是资产项目。钱包里有多少现金；银行有多少存款，其中有多少活期，有多少定期，有多少外汇存款；金融市场上有多少股票债券，有多少保单、房地产、汽车等，这些都包括在资产中，因此资产项目清晰地反映了每一个个人或者家庭到底有多少资产。右侧则反映的是有多少负债，比如信用卡透支了多少，车贷是多少，房贷有多少等。这部分衡量的是负债一共有多少。

收入	负债
现金（活期存款） 定期存款 股票、基金、债券 保单 房地产、汽车 应收款 预付款 其他	信用卡欠款 汽车贷款 房贷 小额借款 私人借款 预收款 其他
	净值

图3.4　资产负债表

（来源：《金融理财原理》，中国金融教育发展基金会金融理财标准委员会，林鸿钧，2007 年 2 月第 1 版）

这个资产负债表跟企业的资产负债表有很多的相同之处，或者说基本的原理是一样的。相信每个人或者每个家庭都很容易把资产负债表编制出来，从而总体反映个人或者家庭的财富状况。收支储蓄表反映的是收入支出的状况，而资产负债表反映的是财富状况以及净财富的情况。

只有把上面这两张表理清楚之后，才能知道未来有多少活钱是可以用于投资的。同时看清楚投资理财方向，比如哪些资产配置的比例过高，应该降低；哪些资产配置的比例过低，可以增加。现在中国大量的家庭，资产基本是放在房地产的，按照房地产最新的市价大致统计（不是按照起初买房子的成本价来看），实际上很多家庭的资产这一侧，房产所占的比例在60%左右，也就是在房地产配置的比例是非常高的。但是房地产资产和其他资产（比如银行存款）的不同之处就在于流动性，银行存款流动性很强，可以随时存取，而房地产流动性相对差一些，一般来说，普通家庭房地产的买卖不会非常频繁。总的来说，不同的资产拥有不同的流动性、不同的风险和不同的收益。因此在资产配置时，并不一定要把所有的资产投在预期回报最高的资产上，而是要去兼顾它的风险性、收益性和流动性。举个最简单的例子，当你把钱存到银行，存了一年定期，那么定期存款这项资产实际上几乎是没有风险的，流动性也比较好，如果急用可以提前取出来，但收益会比较低；如果你把钱投到了股票，那么流动性会更好，随时可以买卖，但是风险会非常大，因为股市每天都有涨跌的可能，涨的时候收益会很大，跌的时候损失也可能会比较大。所以说，我们应该去编制资产负债表，弄清楚自己当前资产和负债的情况，以及净财富的情况。

3. 现金流量表

第三张报表就是个人和家庭的现金流量表。它与企业的现金流量表也是类似的，包括四个部分，如表3.1所示。企业的现金流量表中，第一个部分叫作经营活动的现金流量，对应到我们的家庭中，经营活动就类比我们的生活现金流量。我们的生活现金流量主要包括工作收入和生活支出两部分，是维持我们日常生活的核心部分。企业现金流量表的第二部分是投资现金流量。第三部分是筹资现金流量，对应的就是个人和家庭的投资现金流量和借贷现金流量。投资现金流量主要包括投资收益、资本利得、投资赎回和新增投资等，借贷现金流量主要包括借入本金、利息支出、还款本金等。第四部分是保障现金流量，包括保费支出。所以，我们完全可以用企业的三张财务报表来对应个人或家庭的三张报表。

表3.1　现金流量表

项　　目	金额	项　　目	金额
一、生活现金流量		三、借贷现金流量	
工作收入		借入本金	
生活支出		利息支出	
生活现金流量小计		还款本金	
二、投资现金流量		借贷现金流量小计	
投资收益		四、保障现金流量	
资本利得		保费支出	
投资赎回（实际发生）		保障现金流量小计	
新增投资（实际发生）			
投资现金流量小计			

（来源：《金融理财原理》，中国金融教育发展基金会金融理财标准委员会，林鸿钧，2007年2月第1版）

在本书中，我们并不是要教大家如何编制这三张报表，只是给大家讲编制这三张报表的整体思路。具体而言，大家可以针对自己个人和家庭的情况，试着去编制这三张报表，如果遇到什么问题，完全可以去根据企业财务报表相应的知识试着去编制，从而从整体上加深对家庭财务状况的了解，更好地去解决个人金融当中所碰到的诸如投资的问题、资产配置的问题和保险税收等相关问题。

上面已经阐述了个人金融涉及的三张报表的整体框架。我们在具体解决个人金融问题的时候，也不外乎是依赖于这三张报表作为一个起点。比如，针对资产负债表的左侧——资产这一块儿，我们需要思考如何去配置，这属于投资或者叫资产配置问题；资产负债表右侧的负债，涉及的则是如何去融资、贷款，也就是贷款规划的问题。

比如，我们观察收支储蓄表就可以知道，如果想要有更多的储蓄，就需要“开源节流”，开源方面需要努力提高收入，除了正常工作获得更高的收入，一方面可以去发展副业，另一方面可以通过投资等去获得财产性收入，比如买房之后租出去获得租金收入，买股票、债券等获得相应的回报（当然也存在一定的风险）。相比之下，节流方面可能就没有那么大的空间，因为我们毕竟要保证正常的生活，需要一些基本的开支。但我们也需要根据时间去对各项开支进行搭配和安排，对自己的花销进行规划，以避免一些不必要的支出，增加储蓄。还应注意的是，人生当中很多现金流实际上是有风险的，比如，工资收入一定要在岗且身体素质能够胜任工作，才能够赚取。另外，人生当中还可能发生很多的意外，所以要通过保险的方式来对风险予以规避或者分散。

总而言之，要管理好整个人生的现金流，就离不开这三张报表。当然，这三张报表的编制实际上只是一个起点，基于这三张报表的整体框架，可以做好更详细、更切合实际的人生的理财安排、财富管理。

五 理财的范畴

个人的金融问题，实际上涉及的范畴包括两大方面（见图 3.5）：一方面是生涯规划，另一方面是理财规划。生涯规划当中包括几个方面：一是家庭的规划。对于我们每个人来说，选择什么时候结婚，什么时候生子，是生一个孩子还是两个孩子抑或是多个孩子等，都属于家庭的规划。此外，如何赡养老人、如何抚养下一代，以及子女的教育等，也都与家庭的规划是分不开的。二是居住的规划。居住的规划包括我们选择在哪个城市买房，是买学区房还是买非学区房，是在地铁旁边买房还是在高速公路旁边买房等。三是个人的职业规划，也包括在退休之后的退休生活安排。上述的三个方面都与人的一生各项生涯涉及的活动相关，我们把它们统称为生涯规划。生涯规划直接面对的一个实质性的问题就是钱，这些规划都与钱有关系。比如在居住规划时，在不同城市不同地段购买不同类型的房子，单价不同、面积不同，总价款也不同。同时，买房的钱是靠自己的积蓄，还是靠家人的帮忙，或者是向银行申请贷款，这些也都是关于钱的问题。所以生涯规划当中的活动都与钱有关系，这也就决定了不同的理财目标。

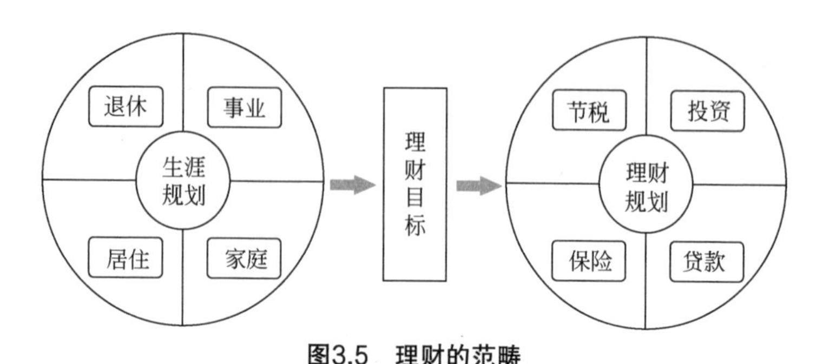

图3.5　理财的范畴

（来源：《金融理财原理》，中国金融教育发展基金会金融理财标准委员会，林鸿钧，2007 年 2 月第 1 版）

从生涯规划可以引出个人金融的另一个范畴，那就是理财规划。因为要完成生涯规划，需要借助相应的理财手段，具体可体现为一个理财计划。这个规划就跟我们前面说的人生现金流的理念不谋而合。我们从整个人生现金流的角度去进行理财的规划，需要明确：如果我们有多余的资产，应该怎么去投资？在我们资金不够的时候，怎么去申请贷款？我们人生当中会遇到一些风险，包括财产风险等，要怎么通过买保险的方式去进行保障？我们除了个人的工资收入之外，可能还有其他的投资收益。比如如果我们办企业，企业当中所涉及一些收入，怎么去合理避税？此外，在老去之后，我们的财富如何进行传承？所以，理财的范畴其实是非常广的，且都跟我们人生的现金流、人生的财富息息相关，这也就是我们要解决的跟个人金融有关的种种问题。下面我们就来具体讲讲生涯规划与理财规划。

1. 生涯规划与理财规划

通过上面的学习我们知道，人的一生当中，需要通过理财的规划去实现生涯规划，这两者是相互作用的。在不同的时间段，我们有不同的生涯规划，也就需要用不同的理财规划来解决。

表 3.2 简单勾勒了生涯规划和理财规划的大概情况。比如，在探索期，我们涉及的就是升学、就业和转业的选择，家庭的形态表现为以父母家庭为生活重心，在理财活动方面就体现为通过升学来提升自己的专业水平，通过求职和创业等方式来不断提高自己的个人收入。具体在做资产安排时，我们可能有存款（活期存款、定期存款等），也可能通过买基金、股票的方式来进行投资。在这个人生阶段，我们为规避人身风险，也会购买保险（意外险、寿险等），通常把保险的受益人约定为父母。在其他的几个阶段，无论是学业、事业方面还是家庭的形态方面等都有所不同，相应地，我们就可以用不同的理财工具、不同的理财计划来予以满足。

表3.2　生涯规划与理财规划

期　间	学业、事业	家庭形态	理财活动	投资工具	保险计划
探索期（18～24岁）	升学或就业、转业抉择	以父母家庭为生活重心	提升专业水平，提高收入	活存、定存、基金定投	意外险、寿险，受益人为父母
建立期（25～34岁）	在职进修，确定方向	择偶结婚，有学前小孩	量入节出，攒首付款	活存、定存、基金定投	寿险、子女教育险，受益人为配偶
稳定期（35～44岁）	提升管理技能，进行创业评估	小孩上小学或中学	偿还房贷，筹教育金	自用房地、股票、基金	依房贷余额保额递减的寿险
维持期（45～54岁）	中层管理，建立专业声誉	小孩上大学或出国深造	收入增加，筹退休金	建立多元投资组合	养老险或投资型保单

续表

期　间	学业、事业	家庭形态	理财活动	投资工具	保险计划
高原期（55～64岁）	高层管理，偏重指导组织	小孩已独立就业	负担减轻，准备退休	降低投资组合风险	养老险或长期看护险
退休期（65岁后）	名誉顾问，传承经验	儿女成家，含饴弄孙	享受生活，规划遗产	固定收益投资为主	领终身年金至终老

（来源：《金融理财原理》，中国金融教育发展基金会金融理财标准委员会，林鸿钧，2007年2月第1版）

2. 自主理财与专家理财

在整个理财活动当中，涉及方方面面的事物，领域非常广，包括投资、保险、信托、税收、财务等，涉及的知识面也非常广。单单从我们选择哪些投资产品进行投资来说，目前市场上可投资的产品非常多，买保险的时候可选择的保单也很多。因此，理财实际上是一个相对比较专业的领域，所以我们在理财时存在一个选择：到底是自己理财，还是选择专家为我们理财，如图 3.6 所示。自主理财相应来说可以保密，成本比较低，可以自己掌控，但是也存在缺点，因为它的隐形成本比较高，需要花费很多时间和精力，而且在专业化方面，如果不是真正搞金融和做理财的人，专业程度相对比较低。还有个问题就是，自主理财的时候，往往是缺乏纪律性的，随波逐流，不一定遵循提前定好的规则形式。专家理财的优点就是专业化程度比较高，而且省时、省心、纪律性很强，但是通过专家理财的成本就比较高，必须要支付顾问费、佣金等。所以说，自主理财和专家理财各有优缺点。但是随着国家金融市场越来越发达，产品越来越多样化，理财的专业化趋势会越来越强，因此不管是选择自主理财还是专家理财，每个人都应该学习理财方面的知识，也就是个人金融方面的知识。即使是委托专家做理财，如果我们能够有初步的理财理念、理财框架和理财知识，也可以比较好地判断专家是否在认真打理钱财。

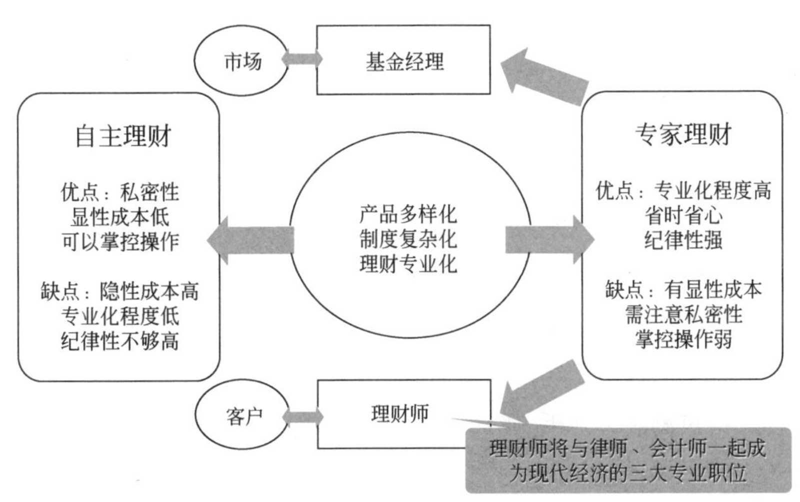

图3.6　自主理财与专家理财

3. 专家理财的六步骤

接下来再来看看专家理财的情况。一般来说，专家理财会遵循六大步骤。对于想成为一名理财专家的人来说，通常都会遵循这六大步骤。当然，打算自主理财的话，也可以沿着这六大步骤把自己一生之财打理好。

第一步：建立和界定与客户的关系。这一步主要是针对专家理财来说的。专家帮助客户进行理财时，首先要与客户建立联系，互相了解，然后确认委托与代理的关系。

第二步：收集客户信息，了解客户的目标和期望。这一步要把客户相应的信息收集到，然后了解客户的目标、客户的财务状况和客户的期望。具体来说就是帮助客户编制上文所提到的三张财务报表：收支储蓄表、资产负债表和现金流量表。所以说，如果个人不太愿意编制三张表的话，可以提供这些信息给专家，让专家帮我们编制，这样就可以更清晰地了解自己的财务状况和资产的分布状况，从而进一步了解自己有哪些愿望、哪些目标需要达成。

第三步：分析和评估客户当前的财务状况。这一步主要是根据第二步所了解到的信息，编制出来相关的报表，以及客户的愿望，分析和评估客户当前的财务状况，设定出一个恰当的理财目标。

第四步：制订并向客户提交个人理财规划方案。理财专家可以在自己的理财工作室或者在自己所属的金融机构召集自己的团队，经过测算、分析，给客户制订相应的理财方案，并向客户提供理财方案。客户认同之后，就可以按照这个理财方案去执行了。

第五步：执行个人理财规划方案。经过客户的认同，理财专家就可以按照制订的方案为个人做理财了。

第六步：监控个人理财规划方案执行情况。在日常执行理财方案的过程中，还要去跟踪分析理财方案执行的情况，了解市场上是否出现了新的情况。当出现新的情况时，需要对方案进行微调。

4. 理财师的角色——以投资规划为例

在整个理财过程当中，如果选择的是委托专家做理财，理财师其实就扮演了中间人的角色，左边面对的是客户，右边面对的是市场。所以说，理财师相当于是客户和市场之间的连接器，如图 3.7 所示。

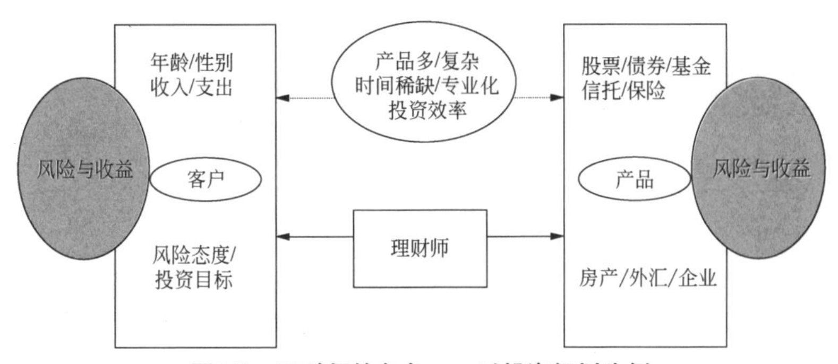

图3.7 理财师的角色——以投资规划为例

就投资理财活动而言，一方面，理财师要了解客户对风险、收益以及流动性的一些要求，这需要根据客户主观上的要求和客观上所拥有的财富进行综合权衡；另一方面，理财师要去通过市场分析了解各类投资产品所具有的风险、收益和流动性，从而在这两者之间进行合理的搭配。当然，个人也可以分析自己的情况，分析市场的情况，然后选择合适的资产组合来搭配。

值得注意的是，未来市场越来越复杂，产品越来越多，而很多人有自己的事业，有自己的家庭，因此空闲时间是非常少的，所以通常会委托专家来打理钱财。从理财的范畴来说，通常而言，大家可能更为关心的是投资，投资应该说是整个理财活动当中最为核心的一部分。那么，关于我们资产负债表中的资产为什么这么分布、未来应该如何调整，其实这些都是和资产配置分不开的。

六 资产配置与风险管理

资产配置是根据客户情况确定适合其投资的资产类别和各种资产在资产组合中的比例。资产配置并不是一个很高深的话题，具体体现为两个重要的维度：一是选择了哪些资产做投资；二是各个资产投资的比例到底是多少。

为了给客户做好资产配置，我们上面提到的六大步骤中已经强调，一定要充分了解客户，也就是要了解客户的属性，了解客户的收支储蓄情况，了解客户的资产负债情况，了解客户对收益、风险、流动性的要求。另外，理财师也要了解市场上各种资产的收益、风险和流动性。在此基础上，把客户的需要、客户的愿望、客户的禀赋与市场上的状况进行良好的结合，从而为不同的客户选择不同的资产搭配方案，满足客户的需要。这就是资产配置相关的要义。

1. 分析投资者的风险属性

在进行资产配置时，有一个很关键的因素，就是风险问题。我们知道，不同的人实际上有不同的风险属性，如图 3.8 所示。一般来说，年龄越大，风险承受能力越低，那么他就更加愿意投资风险更低、更稳定的产品。而且，这跟客户自己未来要实现的理财目标的弹性也有关系，如果未来要实现的目标是 1000 万元，那么这个目标一定要实现的话，它的弹性是很低的，在进行投资的时候，就不能够投资风险较高的产品。所以，投资者能够承担的风险，其实跟年龄、所拥有的财富、理财目标的弹性，以及这笔资金所运用的时间等都是有关系的。

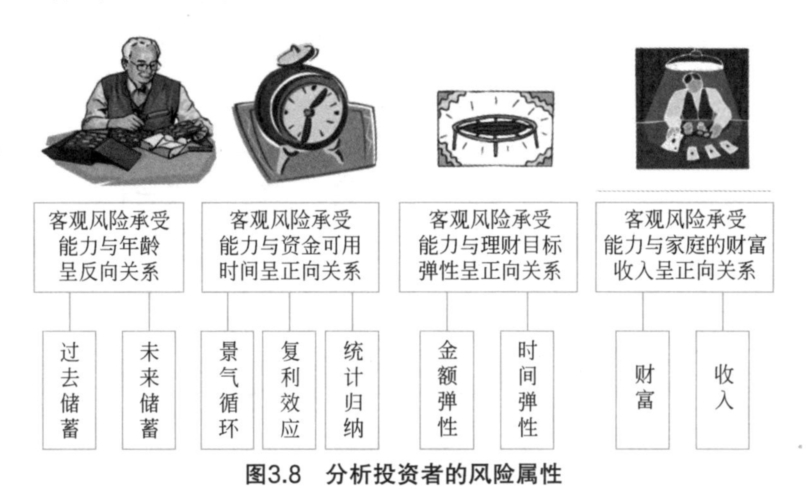

图3.8　分析投资者的风险属性

（来源：《金融理财原理》，中国金融教育发展基金会金融理财标准委员会，林鸿钧，2007 年 2 月第 1 版）

一般来说，年龄越大，风险承受能力越低；资金所运用的时间越短，承担风险的能力也是越低的。另外，理财目标的弹性越小，承担风险的能力也是越低的。所以在做资产搭配的时候，不仅要关注每一种资产的收益情况，更为重要的是要关注每一种资产的风险，进而既满足客户对收益的最基本要求，又不超过客户对风险的承受范围。也就是说，我们要在收益和风险之间做一个比较好的平衡。

2. 挑选合适的资产

目前，市场上可以投资的产品越来越丰富，无论是名称还是产品本身的数量都越来越多，让人眼花缭乱。但是真正在做资产选择的时候，不妨把这些资产划分为几个典型的类型，如表3.3所示。

表3.3 挑选合适的资产

资产	传统资产			另类资产	新另类资产
	现金类资产	固定收益类资产	权益类资产		
具体细分	① 银行存款 ② 短期国债 ③ 银行承兑票据 ④ 回购协议 ⑤ 货币市场基金 ⑥ 短期债券基金	① 国债 ② 企业债 ③ 可转换债券 ④ 高收益债券 ⑤ 通货膨胀调整证券 ⑥ 国外发达市场债券 ⑦ 国外新兴市场债券 ⑧ 债券基金	① 国内股票 ② 国外股票 ③ 股票基金 ④ 私募股权基金	① 房地产 ② 大宗商品和黄金 ③ 远期、互换、期货和期权 ④ 私募股权基金 ⑤ 对冲基金	① 外汇 ② 基础设施 ③ 部分结构化产品 ④ 艺术品
特征	风险低，流动性强，通常用于满足紧急需要、日常开支周转和一定当期收益需要	风险适中，流动性较强，通常用于满足当期收入和资金积累需要	风险高，流动性较强，用于资金积累、资本增值需要	有的杠杆程度高，风险高，可用于对冲市场风险；有的流动性差；有的具有实际用途	有的杠杆程度高，风险高；有的流动性差；有的具有实际用途

第一类：风险较低的现金类资产。这类资产主要是指银行储蓄。银行储蓄是最安全的理财方式，目前在我国，银行破产是非常罕见的，所以一般在银行存钱是比较安全的，即使是银行破产，我国也建立了存款保险制度，最高赔付 50 万元。但是风险和收益是匹配的，银行存款的收益也比较低。比如，2023 年以来，银行纷纷开始下调存款利率，截至2023年末，国有大行一年期定期存款的利率还不到 1.5%，五年期的存款利率也只有 2%。

第二类：收益相对稳定、风险适中的资产。这类资产属于收益相对稳定的证券类资产，如国债、公司所发行的债券以及可转换债券等，主要体现为中长期的债券。这一类金融工具的风险比第一类的风险要大，相应来说，它所提供的预期回报也比较高，如果有二级市场的话，它的流动性也是比较强的。这一类产品主要受那些愿意获取较高利息收入的投资者青睐。当中，国债可能相对来说是更加接近银行储蓄的一类资产。国债是中央政府为筹集财政资金而发行的一种政府债券，由于国债的发行主体是国家，所以安全性与收益性和银行储蓄类似，相当于是代替银行储蓄的升级产品。

第三类：权益类资产。这类金融工具是大多数人比较熟悉，也经常听说的，比如股票、基金等。我们可以自己买卖股票进行投资，也可以通过基金的方式去进行权益类产品的投资，比如购买股票基金或者股权基金。这类金融工具风险比第二类高。当然，它的预期回报比第二类也要高，不过这是预期回报，并不一定会变成现实，因此风险是比较大的。在二级市场买卖的股票，流动性是比较强的，但是在一级市场比如做私募股权投资、风险投资，它的流动性往往就比较低了。

除了上述这三类传统的主流投资品种之外，目前市场上还有另类投资及新另类投资。其实，另类投资我们也有比较熟悉的，比如房地产投资，当然还有一些相对更加专业的衍生品投资，比如远期互换、期权、期货等。还有一些新的另类投资，当中有我们比较熟悉的，比如外汇，一些艺术品、古董，也有一些不太熟悉的，比如在衍生产品的基础上，再进一步衍生出来的一系列产品。这些产品往往对专业性的要求更强，有些产品的风险也更大。这些小众的投资产品可能不是所有的投资者都会经常碰到。

总的来说，不管市场上有多少产品和资产，我们把它进行分类，大致就可以知道这些产品的风险和收益情况，表 3.3 中，从左到右基本上风险是由低到高的，那么收益基本上也是由低到高的。当然，这并不完全是线性的关系，根据市场行情的不同，它们之间也有反常的现象。所以在挑选资产的时候，非常重要的一点就是一定要挑选合适的资产。“合适”两个字最重要的含义就是要和自己的目标、愿望及禀赋相贴合。这并不意味着我们为了赚大钱，为了赚取高收益，就把所有的资金都投入在高风险的资产上，这是不可取的，一定要做一个合理的搭配。这也是我们在最开始所学到的理念，即分散化投资的理念，不要把所有的鸡蛋放在同一个篮子里的具体体现。

除了上面所学习的投资安排，我们人生当中的金融活动还包括很多方面，比如保险规划、税收规划，还有遗产规划等。这些活动可以通过节税的方式来实现，可以通过买信托的方式来实现，也可以通过保险的方式来实现。所以人生当中有非常多重要的理财活动，不仅仅是投资，但投资是核心，我们在有需要的时候可以去进一步地研究学习，让我们的人生现金流规划得更好。

3. 做好风险管理

我们在上面花了很大的篇幅来学习如何通过投资等理财活动积累更多的财富，但是我们还要意识到，人生当中可能会遇到很多风险，如图3.9所示。随着年龄的增大，我们要经历结婚、生子、买房、赡养父母、自己退休等过程，这些人生过程中有很多的活动需要安排，也有很多的风险需要面对。那么我们要如何规避风险呢？最主要的一种手段就是通过买保险来获得相应的保障。目前市场上的保险产品有很多，可以满足各个人生阶段的需求。比如，在刚刚毕业的时候，可以买一份保险让父母作为受益人，自己作为投保人和被保险人；在结婚之后，可以去买受益人为配偶的保险；在生子之后，可以买受益人为子女的保险。再如，我们在退休之前可以买退休的年金保险，在退休之前或者退休之后，可以为了节税买终身寿险，实现财富的传承。我们需要注意，在保险赔付的时候，不用交所得税，可以达到节税的目的。因此，买保险除了保障功能之外，还有储蓄和节税的功能。

不难发现，在人的一生当中，个人金融的问题涉及方方面面，主要表现为投资、保险规划、节税等，内容是非常多的。通过本章的学习和讲解，大家可以首先建立起个人金融的框架，从人生现金流的角度去规划好自己的理财活动。但是具体某一项理财活动要如何选择、如何去做，还需要进一步找到相关的书和课程去深入学习。

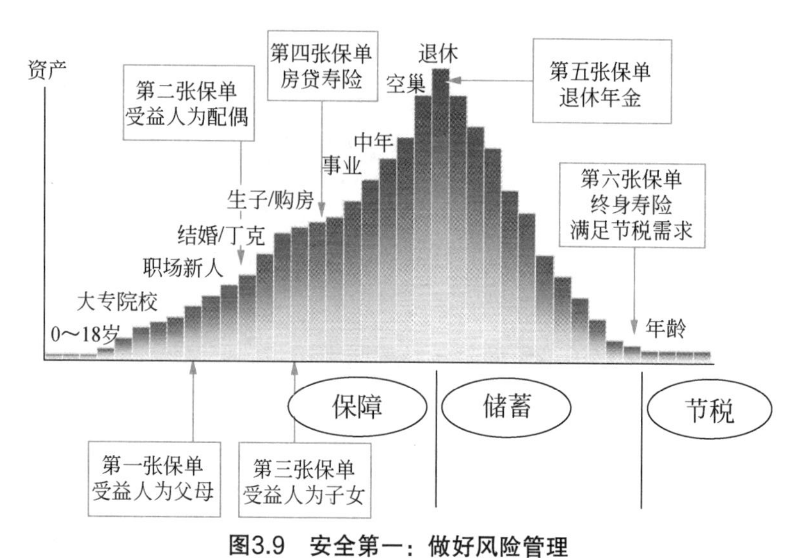

图3.9　安全第一：做好风险管理

（来源 :《金融理财原理》，中国金融教育发展基金会金融理财标准委员会，林鸿钧，2007 年 2 月第 1 版）

第四章

公司金融——投资、融资、分红“三部曲”

通过上一章的学习，晓晓学会了在人生不同阶段自己进行理财规划，而对于她另一个开公司的朋友来说，除了规划自己人生的现金流，还需要规划公司的现金流。事实上，公司和人是一样的，都具有独立的法人资格，从公司的角度来说，公司也要实现自己的价值最大化，那么也就需要去规划好公司的现金流。公司金融是否也有三张报表呢？它的三张报表与个人金融的又有哪些不同？公司要如何去实现价值最大化呢？带着这些问题，这一章我们来探究一下公司金融的奥秘。

▶ 公司金融：金融从业者的主战场

很多学金融的人毕业后去了金融机构工作，但公司金融才是金融从业者的“主战场”，也是整个金融学课程当中主要探讨的领域。

▶ 了解公司

公司是企业的组织形式之一。公司作为一个主体，要组建成立并运营，首先要有它的目的，而这个目的其实就是赚钱。

▶ 公司金融的三张报表

探讨个人金融话题时，我们了解了个人金融的三张报表，公司金融话题也需要了解三张报表。公司会计的三张报表和公司金融的三张报表又有所不同，金融面对的是现金流。

▶ 公司金融的全景图

为了实现公司价值最大化，不外乎会采取三大决策：投资决策、融资决策、分红决策。

▶ 理想的世界

理想情况下，与公司相关的各主体的利益之间是没有冲突的，而在现实当中，股东和债权人、股东和管理层等都会有利益冲突。

一 公司金融：金融从业者的“主战场”

在很多人的理解中，金融应该主要是金融机构进行的活动，然而，这恰恰是一个误区。尽管很多学金融的人，毕业后去了金融机构工作，金融机构当然也在做金融业务，但其实真正的金融活动是在公司中，公司金融实际上才是金融从业者的“主战场”。

很多公司把金融的岗位称为财务，包括会计、出纳等，但公司金融与财务、理财等概念还是有所不同的。一般而言，企业的“财务”或“理财”是以现金收支为主的企业资金收支活动的总称，是建立在企业的会计信息基础上加以管理的。而公司金融所研究的内容更加宽泛，它不再局限于企业内部，因为现代公司的生存和发展都离不开金融，所以，公司也更加注重研究企业与金融之间的关系，以综合运用各种形式的金融工具和方法，进行风险管理和价值创造。这是现代公司金融学的一个突出特点。就企业内部而言，公司金融所研究的内容也比“财务”或“理财”广，它还涉及与公司融资、投资及收益分配有关的公司治理结构方面的非财务性内容。

在实际中，公司更多的金融活动体现在投资、融资和分红等诸如此类的经营活动当中。公司金融实际上是金融学的分支学科，用于考察公司如何有效地利用各种融资渠道，获得最低成本的资金来源，并形成合适的资本结构，当中还包括企业投资、利润分配、运营资金管理及财务分析等方面。所以，公司金融才是金融从业者的主战场，也是整个金融学课程当中主要探讨的领域。

二 了解公司

1. 企业组织形式

公司是企业的组织形式之一。企业组织形式包括个人独资企业、合伙企业以及公司。我们可以通过图 4.1 看到公司和个人独资企业、合伙企业的组织形式各自的优缺点。

个人独资企业 （Sole Proprietorship）	合伙企业 （Partnership）	公司 （Corporation）
■ 一个人拥有的企业 ■ 费用最低的企业组织形式 ■ 不需要支付企业所得税 ■ 承担无限责任 ■ 有限的存续期 ■ 权益资本仅限于个人财富	■ 两个或两个以上的人一起创办的企业 ■ 包括普通合伙人和有限合伙人 ■ 普通合伙人承担无限连带责任，有限合伙人以出资额承担有限责任 ■ 合伙企业的费用较低 ■ 有限的存续期 ■ 筹集大额资金较为困难 ■ 合伙人缴纳个人所得税 ■ 所有盈利都分配给合伙人，一般不进行再投资	■ 独立的企业法人 ■ 包括有限责任公司和股份有限公司两类 ■ 创办较复杂，费用较高 ■ 产权转让较便利 ■ 股东承担有限责任 ■ 无限的存续期 ■ 可以筹集大额资金 ■ 双重纳税 ■ 公司有权决定分红和再投资

图4.1　企业组织形式

个人独资企业，顾名思义就是由一个自然人或者某一个主体，只有一个投资人所成立的企业，也就是由个人出资经营、归个人所有和控制、由个人承担经营风险和享有全部经营收益的企业。个人独资企业从税收的角度来说，交的不是企业所得税，而是个人所得税。同时，在很多方面，个人独资企业的成本是比较低的，企业的建立与解散程序简单，经营管理灵活自由，企业主可以完全根据个人的意志确定经营策略，进行管理决策。

不过，个人独资企业也有缺点，业主需要对企业承担无限责任。当企业的资产不足以清偿其债务时，业主需要以其个人财产偿付企业债务。这有利于保护债权人的利益，但独资企业的风险相对也较大。同时，个人独资企业的规模相对有限，因为独资企业有限的经营所得、企业主有限的个人财产、企业主一人有限的工作精力和管理水平等，都制约着企业的经营规模。这也在一定程度上导致个人独资企业缺乏可靠性。因为独资企业的存续完全取决于企业主个人，因此企业的寿命是有限的。

独资企业在很多国家和地区不需要在政府相关部门注册。在这种制度下，很简单的经营安排如小贩和保姆在法律上就都属于独资企业，甚至是暂时的经济活动，比如个人之间的买卖交易在法律上依照独资企业处理。

合伙企业是指由各合伙人订立合伙协议，共同出资，共同经营，共享收益，共担风险，并对企业债务承担无限连带责任的营利性组织。合伙企业分为普通合伙企业和有限合伙企业两种。其中，普通合伙企业又包含特殊的普通合伙企业。普通合伙企业由2人以上的普通合伙人（没有上限规定）组成。普通合伙企业中，合伙人对合伙企业债务承担无限连带责任。特殊的普通合伙企业中，一个合伙人或数个合伙人在执业活动中因故意或者重大过失造成合伙企业债务的，应当承担无限责任或者无限连带责任，其他合伙人则仅以其在合伙企业中的财产份额为限承担责任。有限合伙企业由2人以上50人以下的普通合伙人和有限合伙人组成，其中普通合伙人和有限合伙人都至少有 1 人。当有限合伙企业只剩下普通合伙人时，应当转为普通合伙企业，如果只剩下有限合伙人，应当解散。普通合伙人对合伙企业债务承担无限连带责任，有限合伙人以其认缴的出资额为限对合伙企业债务承担责任。

合伙企业在税收方面与个人独资企业类似，合伙人以各自的分配收益承担个人所得税，合伙企业是没有企业所得税的。当然，合伙企业也有一些缺点，同样表现在法律责任方面，合伙企业的普通合伙人是承担无限责任，甚至是连带无限责任的，有限合伙人承担有限责任。有限合伙人和普通合伙人之间又有一些不同的分工，普通合伙人往往会参与企业的经营管理，同时他的所得比他的出资额比例高一些，因为他既出钱又出力，同时他承担的是无限连带责任，所承担的风险高一些。而有限合伙人只管出钱，承担有限责任，不出力只出钱，所以他不应该按照自己的投资额比例去分配所得，应该比这个比例要低一些，风险也会低一些。

了解完个人独资企业和合伙企业，我们再来重点了解下公司金融所说的主体——公司。公司是一个独立的企业法人，它和股东之间是相对独立的。公司也具有了相应的人格，可以对外承担责任，也可以享有权利。所以就与自然人一样，在法律上它是有独立人格的，有自己的民事权利能力和民事行为能力，所以对外可以举债，可以承担相应的责任。《公司法》中的公司主要包括有限责任公司和股份有限公司。它们承担的责任是有限的，就是股东是以自己的出资额为限承担有限责任，而公司以自己的资产来承担有限责任，只有在特殊情况下才会延伸到股东承担无限责任，这只是极特殊的情况。

总体来说，公司和公司的股东都是承担有限责任的。所以公司这种企业组织形式，它的优点就是承担有限责任，公司股东的有限责任决定了对公司投资的股东既可满足投资者谋求利益的需求，又可使其承担的风险在一个合理的范围内，增加其投资的积极性。当然，公司还有其他的一些优点，比如公司特别是股份有限公司可以公开发行股票、债券，在社会上广泛集资，便于兴办大型企业。同时，公司还可以把股票分成金额很小的份额，吸引更多投资者参与，它也是投资门槛比较低的一种形式。不同于个人独资企业和合伙企业，公司形态完全脱离个人色彩，股东的个人生存安危不影响公司的正常运营，因此公司存续时间长、稳定性高。但是它的缺点就是税收相对偏高一些，在公司层面要交纳公司所得税，在分红之后，股东还要以个人名义再次交纳个人所得税。

2. 公司运营的目标

首先说明的是，尽管这里主要探讨的是公司这种企业法人的金融问题，不过这些金融问题的很多原理都可以推演到个人独资企业或者合伙企业，很多规则是相通的。

公司作为一个主体，要组建、成立并运营，首先要有它的目的。无论是制造汽车、制造飞机、提供金融服务等，其目的都是非常明确的——就是为了赚钱，它其实并不是在制造具体的商品或者提供某种服务，它只是以制造商品或提供某种服务来获得回报，赚取价值，这与我们个人也是一样的。所以公司作为一个主体，最终的目的就是赚取价值。一个公司未来能够赚取多少现金流，用现值的概念把未来公司所赚取的现金流折算到现在，就可以算出这个公司未来能够赚到的所有现金流的总现值。所以公司金融设定的目标就是希望这个公司的价值达到最大化。

3. 现值与终值

既然公司的目标是价值最大化，这个价值的计算涉及现金流的折现，因此在这里有必要给大家讲解一下现值与终值。

现值是金融当中最重要的一个概念，现值就是所有的现金流在现在的价值。上一章讲解个人金融的问题时，我们将人生比喻为一个现金流，以当前的时间点来看，未来我们会获得很多现金流，也有可能会支出很多现金流。有收入，有支出，有投资变现，也有进一步的投资；可能申请贷款，可能交保费，也可能在某个保险事故发生时得到相应的赔偿，这都体现为种种的现金流。这些现金流发生在未来不同的时间点，从现在来看，这些现金流到底值多少钱呢？这就是现值的概念，也就是不同时间点的现金流在当前的价值。把未来某个时间点的现金流的价值放到现在来看，这个过程就是求现值的过程；而把现在的一笔现金流的价值放在未来某个时间点来看，这个过程就是求终值，也叫未来值。

图 4.2 展示了在 t 期的时间轴上产生的现金流，当前时间点为 0，产生一笔现金流出 C_0，第 1 期末的现金流是现金流出 C_1，第 2 期末的现金流是现金流入 C_2，第 3 期末的现金流是现金流入 C_3，等等，最后 t 期末时有一笔现金的流入 C_t。在处理金融问题时，这就是一个最基本的工具，即把现金流描绘在一个时间轴上，看在不同时间点到底有多少现金流，现金流向是流入还是流出。接着，我们就可以把不同时间点的现金流算到同一个时间点上。有两个特殊的时间点，一个就是现在这个时间点，另一个就是未来某个

时间点。把所有现金流算到现在这个时间点的过程是求现值的过程，这个过程也被称为贴现；而把现在的现金流往未来某个时间点去算成未来的价值，这个过程就叫求终值，这个过程我们又把它称为复利。复利就意味着在往后投资的时候，每年是要结息的，且这个利息是要进行再投资的，所以又称为“利滚利”。

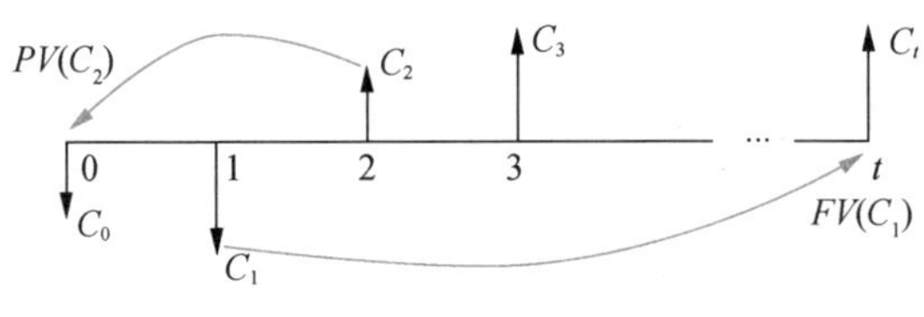

图4.2　现值与终值

在学习金融课程时，求现值或求终值是最基础的计算过程。以下我们就简单来给大家展示一下这些计算过程。

（1）单期情况

我们从最简单的例子入手，比如你有 10 000 元可以用作投资，投资收益率是5%，一年之后你的回报就是500元的利息所得加上原有投资的 10 000 元本金，最终你能得到 10 500 元。这个计算相信大部分人都会：10 000×（1+5%）=10 500。这个过程就是求终值。在这个例子中，由于时间是一年期，我们可以把它看成是一个单期求终值的问题，这是最简单的一种求终值的问题。把它变为数学公式，用 PV 表示现值，用 FV 表示终值，用 r 表示利率，单期终值的计算公式就是 $FV=PV\cdot(1+r)$。在这个具体的例子中，PV 就是这 10 000 元的初始投资，r 是 5% 的利率，所以它的终值 FV=10 000×（1+5%）=10 500。

反过来，将未来的一笔现金流算到现在值多少钱，这个过程就是求现值。我们还是从最简单的例子入手，比如利率还是5%，你希望在一年之后得到10 000元，那你现在需要投多少钱呢？当然这里5%的利率是假定没有风险的。我们假设现在需要投资x元，一年之后得到10 000元，可以用求终值的方法来理解，$x \cdot (1+5\%)=10\ 000$，因此x就可以求出来：$10\ 000 \div (1+5\%)=9523.81$。不难发现，求现值与求终值是互为逆运算的过程，我们知道$FV=PV \cdot (1+r)$，反过来，$PV=FV/(1+r)$，这是针对单期的情形。

（2）多期情况

如果由一期变为多期，就可以进一步推算。针对求终值来说，$FV=PV \cdot (1+r)^t$，或者$FV=PV \cdot (1+r \cdot t)$。

这两种计算背后的假设是不一样的，$FV=PV \cdot (1+r)^t$，这个公式表明前一期得到的利息要滚入本金，进行利滚利，也就是进行复利操作。而$FV=PV \cdot (1+r \cdot t)$，这个过程是假定上一期得到的利息并不滚入本金，不考虑利滚利的效益，因此它的假定是单利。在金融活动中，大家有一个共识，就是要按利滚利来考虑问题。所以通常所说的多期终值应该用$FV=PV \cdot (1+r)^t$，即均按复利来计算。

复利和单利之间到底有多大的差异？接下来我们举一个简单的例子来比较复利和单利的差异，如图4.3所示。

假设年利率是10%，最初投资100元，共投5年，如果按照单利计算，每一年的100元会得到10元的利息，因此按照单利的计息方式，5年总共的利息就是50元，按照单利做投资最终得到的本利和是150元。

年度	年初值	单利	复利引起的利息增加	总利息	终值
1	100.00	10.00	0.00	10.00	110.00
2	110.00	10.00	1.00	11.00	121.00
3	121.00	10.00	2.10	12.10	133.10
4	133.10	10.00	3.31	13.31	146.41
5	146.41	10.00	4.64	14.64	161.05
	总计	50.00	11.05	61.05	

图4.3 复利与单利

而对于复利来说，在第一年初，最初的投资是 100 元，投了一年之后得到的利息是 10 元，因为在这一年初没有利息，利息的利息是 0 元，所以总利息是 10 元，在第一年末，这个终值就变到了 110 元，在第二年时不仅仅是最初投资的 100 元，第一年获得的 10 元利息也要投资进去，因此在第二年投资的时候就不再是 100 元了，而是 110 元。这 10 元的利息在第二年做投资时，按照 10% 的利率可以得到 1 元的利息，所以第二年投资的总利息就变成了 11 元，因此在第二年末总的本利和就变成了 121 元。以此类推，就可以算出，按复利进行投资时，5 年后最终得到的本利和是 161.05 元，这 161.05 实际上就是 $100\times(1+5\%)^5$ 得来的。

这个例子充分表明了，复利比单利赚取的回报要高，高的那部分就是利息进行再投资所得到的利滚利。在实际生活中，我们经常碰到的金融问题都是按照复利原理来计算终值的。

我们上面是以期初投资 100 元为例，100 元每年赚 10% 的利息，5 年之后总本利和是 161.05 元，我们根据这个可以算出它的收益率是 61.05%。把前例中的 100 元调整为 1 元，也就是现值按照 1 元来求终值，这个数值我们把它定义为终值利率因子，也就是 $(1+r)^t$。由这个公式可以看出，终值受两个重要因素的影响，一

是利率 r，二是时间 t。当利率为正时，时间越长，终值就会越大。通常直接查终值利率因子表，就可以查到 1 元钱未来在不同的利率和不同的期限条件下可以得到的本利和。

我们再举一个“利滚利”差异相对更大的例子。假如你买彩票中奖了 100 万元，将其存入一年期的定期存款，存款利率为 3.5%，每年自动转存，10 年之后一次性支取。自动转存是一个非常重要的条件，这就意味着前一年得到的利息会滚入本金进行再投资，说明我们是要按照复利的原理来计算它的本利和的。那显然就是 $1\ 000\ 000\times(1+3.5\%)^{10}=1\ 410\ 598.76$。如果我们把这个钱交给表兄来打理，到期还本付息，10 年中每年按 4% 的利率，但是按照单利来计算，那么 10 年之后你表兄会给你 $1\ 000\ 000\times(1+4\%\times10)=1\ 400\ 000$ 元。

从这个例子可以看出，尽管你存在银行的利息只有 3.5%，你表兄可以给到你 4% 的收益，看起来你表兄给你的回报更高，但实际上表兄的回报是更低的，因为 4% 的回报是单利。如果投资时间拉至 20 年、30 年甚至更长时间的话，二者之间的差异更大。

通过未来 t 期之后的一笔现金流的价值算现在值多少钱，这个过程是求多期中的现值的过程。通过上面的学习，我们已知多期中的终值 $FV=PV\cdot(1+r)^t$，反过来，多期中的现值 $PV=FV/(1+r)^t$。

我们再举一个简单的例子，假如投资利率是 8%，如果想在 5 年之后获得 2 万元，你现在需要拿出多少钱去做投资呢？若记不住公式，可以用简单的代数方式来思考这个问题，可以假设在期初投资 x 元，在 5 年之后能得到 20 000 元，因此

$x\cdot(1+8\%)^5=20\ 000$，$x=20\ 000\div(1+8\%)^5$，和公式是一样的。计算得出，现在我们只需要投资 13 611.66 元，按照 8% 的利率，未来就可以得到 2 万元。

同样，前文已讲到把期初投资的资金标准化为 1 单位货币，可以得到利率终值因子，那么如果把未来想获得的这笔现金流标准化为 1 单位货币，就可以得到现值利率因子。现值利率因子为 $1/(1+r)^t$。使用在不同利率、不同期限下得到的现值利率因子的值，可以制作出一张表，叫作现值利率因子表。通过查表，我们就可以查到现值利率因子。

通过图 4.4 可以看到，将现值利率因子反映在图形上，同样 1 元在相同利率的情况下，随着期限的增加，现在的价值越低，也就是 $1/(1+r)^t$ 这个公式决定了在时间增长、利率不变的情况下，现值利率因子会越来越小。对于时间保持不变，利率逐渐升高的情况，现值利率因子也会越来越低。因此，现值利率因子与两个重要因素有关：一是利率，另一个是期限。根据公式 $1/(1+r)^t$，它的结果和 r 与 t 实际上是呈反向的关系。总体来说，利率越高，未来的一笔现金流在现在的价值越低；期限越长，未来的这笔现金流在现在的价值也会越低。

我们再举一个简单的例子，已知时间、利率和终值来求现值。这是经常碰到的问题，未来一笔钱现在到底值多少钱，用求现值或用现值利率因子可以非常简单地来计算。比如，你现在 21 岁，每年的投资能够得到 10% 的回报，你想在 65 岁时成为百万富翁，这就意味着 44 年之后你得到 100 万元，你现在要一次性拿出多少钱来投资？注意，在这个例子中，假定每年投资回报都是 10%，没有考虑其中的风险，但现实生活中不可能有这么高的回报，也不可能保证每年都得到 10% 的收益，这里主要是为了帮助大家来理解现值如何计算。

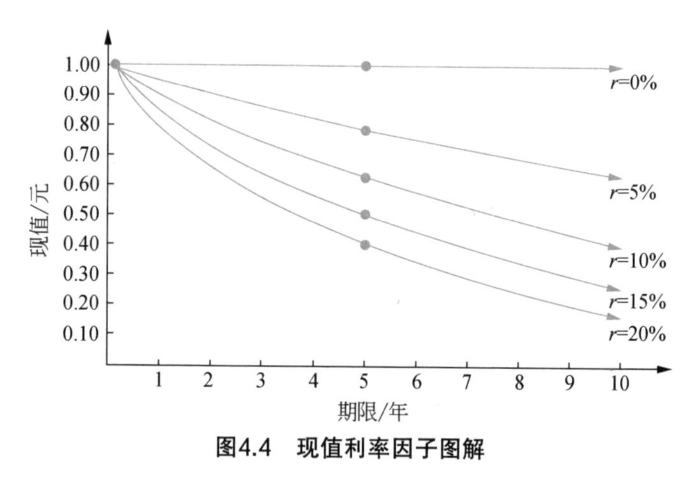

图4.4　现值利率因子图解

我们需要在 44 年之后得到这 100 万元，每年的投资回报率是 10%，现在需要多少钱，这时用求现值的公式就可以得到，$1\ 000\ 000/(1+10\%)^{44}$=15 091 元。这个结果可能让大家非常意外，也就是说，当时间拉得足够长，利率足够高，而且有确定的回报的话，44 年后要成为百万富翁，现在只需要投大概 15 091 元。当然，这个例子计算起来很简单，但实现很难，最为关键的是每年要得到 10% 的回报很难。

我们再来举一个例子。据研究，1802—1997 年美国普通股票的平均收益率是 8.4%，假设汤姆的祖先在 1802 年时对一个充分分散的投资组合进行了 1000 美元的投资，那么在 1997 年时，汤姆这笔投资的价值是多少？在这个条件当中，充分分散的投资组合意味着你得到的收益率就是整个市场的平均收益率，要求在

1802—1997 年这 195 年的时间里，一直在以充分分散的投资组合保持投资，没有在此期间变现，这实际上就是一个已知现值、时间和回报率来计算终值的过程。

那么回答这个问题，一种方式是通过查终值利率因子表，另外一种方式也可以通过公式来计算，用 $1000\times(1+8.4\%)^{195}=6\,771\,892\,096.95$。算出来的结果可能会让大家非常吃惊，6 771 892 096.95 美元是一个极高的数字，最初在 195 年之前只投了 1000 美元，195 年后价值约 67.72 亿美元。它的假定就是一定要长期去坚持投资，这其实也不容易，当你知道有一个投资品种很好，但是在整个过程中它会有上下波动，会出现风险时，投资就不一定能够长期坚持。所以做长线投资的理念很简单，但是能坚持却是一件不容易的事情。另外，要长期保持 8.4% 的收益率也非常难。这是事后的结果，在事前，即 1802 年那个时间点，谁能够知道 195 年之后这么长的时间，股票的平均收益率能达到 8.4% 呢？从这个例子来看，要成为亿万富翁不是很难的事情，难就难在要长期坚持，而且要得到一个长期的高回报。

我们还可以已知现值、终值和时间求利率。这个问题是：已知现在投多少钱，已知未来想获得多少财富，也已知投资多长时间，那么达成这样的目标需要多高的回报率呢？

举例来说，美国的国父之一富兰克林在 1790 年去世，他在自己的遗嘱中写道，他将分别向波士顿和费城捐赠 1000 美元，捐款将于他死后 200 年赠出。在 1990 年时，付给费城的捐款变成了 200 万美元，而给波士顿的这笔捐款已达到 450 万美元。请问这两者的回报率各是多少？

我们通过这个例子看到，这两者差了 1.25 倍。为了计算利率，利用现值的公式来操作，费城：$1000=2\ 000\ 000/(1+r)^{200}$，另外一个波士顿的计算公式就是 $1000=4\ 500\ 000/(1+r)^{200}$，这两个 r 显然算出来是不一样的，前者的计算结果是 3.87%，而后者的计算结果是 4.3%。这是需要计算器来帮我们计算的。这个结果可能也让我们感到意外，这两笔捐赠最后的财富差了 1.25 倍，但是这两笔投资的收益率却差得不多，大概只相差 0.43%。这也告诉我们一个道理，当投资时间足够长，即便利率只是发生一个较小的变化，最后所得到的终值变化也会越来越大。

我们再来看看已知现值、终值和利率，求时间的问题。假如我们现在投资 5000 元在一个收益率为 10% 的产品上，需要等待多久，这笔 5000 元的投资可以增长到 10 000 元？

这个问题还是可以用终值公式去计算，也就是 $10\ 000=5000/(1+10\%)^t$，t 就是要计算的结果，计算结果为 $t=7.272\ 5$ 年，所以需要 7 年多的时间才能够实现例子中的投资目标。

这里我们可以学习一个简单规则，叫 72 法则，它的意思就是当利率是 $r\%$ 时，投 $72/r$ 的时间大致可以翻番。比如，上文的例子中，10% 的回报，多少时间可以由 5000 元钱变为 10 000 元，即翻番了呢？这个时间用 $72\div10=7.2$ 年，与上文计算的结果非常接近，所以 72 法则在现实当中是非常好用的。

比如在中国股票市场，一般的股票有 10% 的涨跌停板，如果有人说他买一只股票，连续得到了 7 个涨停，他其实是在说它的投资翻番了。因为用 72 法则去算的话，10% 回报的情况下，7 个涨停板基本就表明他的投资翻番了。72 法则在利率不宜过高也不宜过低时是比较适用的，总体来说，72 法则属于估计投资增长的简便方法。

在改革开放的前 30 年，我国 GDP（国内生产总值）的增速平均来看大概是 10%，按照 72 法则，7 年 GDP 就可以翻一番，30 年中有 4 个 7 年还多一些，4 个翻番并不是乘以 4 倍，应该是乘以 2^4，也就是 16 倍。这里是没有考虑通货膨胀的因素，名义 GDP 增速还会更快。所以 GDP 的增速其实也可以简单用 72 法则来算到底翻了几番。

三 公司金融的三张报表

我们在探讨个人金融的话题时，曾经向大家介绍了个人金融的三张报表，那么探讨公司金融话题，我们也先从三张报表入手，如图 4.5 所示。

公司会计的三张报表

- 资产负债表
- 损益表
- 会计现金流量表

公司金融的三张报表

- 资产负债表
- 损益表
- 金融现金流量表

图4.5　公司金融的三张报表

首先要注意的是，公司会计的三张报表和公司金融的三张报表有所不同。我们经常直接拿到的是公司会计意义上的三张报表：资产负债表、损益表和会计的现金流量表。但是在公司金融当中，这三张报表是资产负债表、损益表和金融现金流量表。它们是有一定区别的，金融面对的是现金流，因此我们不能把公司会计的三张报表直接拿来使用，应当做一些调整。

1. 资产负债表

资产负债表是对特定日期公司会计价值所拍的一张快照。资产负债表恒等式为“总资产 = 总负债 + 所有者权益”。资产负债表与个人金融所讲到的资产负债表其实是类似的，只是具体体现的资产项目和负债项目有所不同。它反映的是在某一个时点上公司的资产、负债以及所有者权益。如图 4.6 所示，左侧是资产，包括流动资产和固定资产，右侧是负债和所有者权益，负债又包括流动负债和长期负债。左右两侧是完全相等的，这是一个恒等式，也就是说，总资产恒等于总负债加所有者权益。

资产	2022	2021
流动资产：		
现金及其等价物	140	107
应收账款	294	270
存货	269	280
其他	58	50
流动资产合计	761	707
固定资产：		
财产、厂房及设备	1432	1274
减：累计折旧	-550	-460
财产、厂房及设备净值	873	814
无形资产及其他资产	245	221
固定资产合计	1118	1035
资产总计	1879	1742

负债与股东权益	2022	2021
流动负债：		
应付账款	213	197
应付票据	50	53
应计费用	223	205
流动负债合计	486	455
长期负债：		
递延税款	117	104
长期债务	471	458
长期负债合计	588	562
股东权益：		
优先股	39	39
普通股（面值为1美元）	55	32
股本溢价	347	327
累计留存收益	390	347
减：库藏股	-26	-20
股东权益合计	805	725
负债与股东权益总计	1879	1742

图4.6　资产负债表示例

（来源：《公司理财》，机械工业出版社，斯蒂芬·A. 罗斯，2007 年 1 月）

从架构上来说，如图 4.7 所示，资产负债表中资产这一方就是流动资产加上固定资产，而负债这一方就是流动负债加上长期负债，负债再加上股东权益，就得到负债和股东权益总价值。一般来说，流动资产会比流动负债大一些，我们把这两者之差称为净营运资本。

2. 损益表

第二张报表就是损益表。损益表用来衡量公司在特定时期的业绩。利润的会计定义等式为“利润 = 收入 − 费用”。如图 4.8 所示，

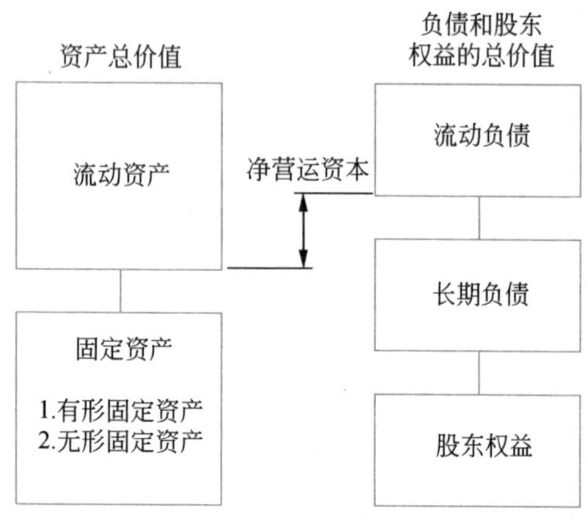

图4.7　资产负债表架构

（来源：《公司理财》，机械工业出版社，斯蒂芬·A. 罗斯，2007 年 1 月）

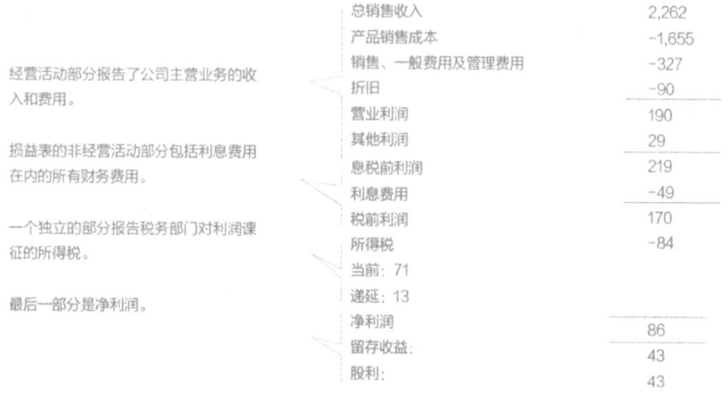

图4.8　损益表示例

（来源：《公司理财》，机械工业出版社，斯蒂芬·A. 罗斯，2007 年 1 月）

我们通常可以通过一个公司的损益表，看到它的基本架构，用收入减去支出得到企业的利润。在会计当中，我们把支出也称为费用，但是它会按照不同的层级来计算，一般用销售收入减销售成本，再减管理费用和折旧得到营业利润，再加上其他经营的利润得到总的税前利润，用总的税前利润扣除所得税，就得到净利润，净利润中一部分会在企业留存，一部分则给股东分红。整个损益表的结构大概就是这样。

3. 金融现金流量表

金融现金流量表和会计上的现金流量表有所不同，金融的现金流量表一方面度量的是资产这一方所产生的现金流，另一方面对应的是负债这一方的现金流。无论是资产一方还是负债一方，都包括现金的流入和现金的流出。相对而言，资产这一方的现金流主要体现为现金的流入，因为资产所体现的主要是通过资本预算决策把资金投在各个项目当中产生的经营性现金流入。当然在进行资本性投资的时候，实际上也是存在资本性支出的现金流出的；还有在流动资产、流动负债当中也会涉及资金的占用，即净营运资本的增加。这是来自资产的现金流的情况。来自负债和所有者权益的现金流，主要体现为现金的流出，包括向债权人支付利息、偿还本金、向股东分红等所体现的现金流出。当然也会有现金的流入，比如发行新的债券、向银行申请新的贷款，或者向股东增发股票等，也会带来现金的流入。

需要注意的是，在会计意义上的报表当中，收支储蓄表里涉及的一些项目，虽然计入了费用或者收入，但是可能并没有真正发生现金的流出和流入。这些并没有真正发生现金变化的项目，我们把它称为非现金项目。在这个过程当中，为了得到真实的现金流，就要对非现金项目进行调整。

比如，A 公司购买了 100 万元的资产，那么在会计上的处理和在金融上的处理是不一样的。用会计上的处理，购买这 100

万元的资产并不会在损益表当中直接体现，也就是我们并不把这100万元立即当成费用。这个很好理解，比如我们买一个机器设备，它的损耗是循序渐进的，消耗时间通常是比较长的，我们不可能直接就认为这100万元在当下就全部是费用，而需要逐渐计入费用中去。但是在金融当中，它是实实在在地流出了一笔100万元的现金流，所以费用、支出以及收入，与现金的流出和现金的流入，是两个不同意义的概念。在会计处理中，这100万元并不在损益表当中直接全部扣减，而是会随着每年时间的推移，以折旧的方式计提，体现为一个费用。比如，这个资产能使用5年，然后就报废了，残值为0，按照平均折旧法，每年就有20万元的折旧费，这20万元的折旧费每年都会计入损益表的费用中，但实际上，这20万元并没有真正导致现金的流出，所以在会计处理上，这是没有现金流出的。如果我们要计算真实的现金流量，就需要对损益表进行调整，把损益表里的折旧费再加回去。而在购买资产的时候，尽管没有在损益表中体现为费用，但它实际上是一个实实在在的现金流出，所以在调整时我们要把现金流出从损益表里扣减掉，这就是会计处理和金融处理当中的区别。

通过上面的举例，我们就会发现，会计角度的现金流量表，包括经营活动现金流、筹资活动现金流和投资活动现金流，是与金融角度的现金流量表有所不同的，与个人金融当中的现金流量表也有所区别，如图4.9所示。公司金融角度的现金流量表主要从公司的角度体现出现金流是怎么产生的，归属于谁，按照资产负债表的结构和恒等式来看，资产方现金流与负债和所有者权益的现金流应该是平衡的。

公司的现金流量	
经营性现金流量 （息税前利润加折旧减当期所得税）	238
资本性支出 （固定资产取得减固定资产出售）	-173
净营运资本增加	-23
合计	42
公司流向投资者的现金流量	
债务 （利息加到期本金减长期债务融资）	36
权益（股利加股票回购减新权益融资）	6
总计	42

图4.9　金融现金流量表

（来源：《公司理财》，机械工业出版社，斯蒂芬·A. 罗斯，2007 年 1 月）

因此，我们可以从现金流的得到和现金流的分配两个角度去看现金流，它是硬币的两个方面。如果对每一年的现金流进行度量的话，我们就可以把公司今后每一年的现金流进行折现，这样就可以对公司的价值进行计算。只有知道了公司未来的价值，才知道怎么去增加公司的价值，进而为股东的利益和其他利益相关者的利益提供更好的支撑（这就是公司现金流量是一个相当重要概念的原因）。

四 公司金融的全景图

为了实现公司价值最大化，不外乎采取三大决策：投资决策、融资决策、分红决策。我们在了解了公司三张报表的前提下，将进一步来学习这三大决策的思想，如图 4.10 所示。

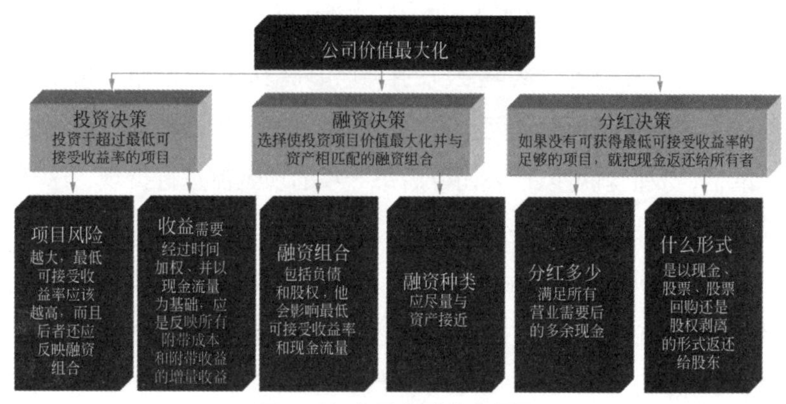

图4.10 公司金融的全景图

（来源：《应用公司理财》，机械工业出版社，阿斯瓦斯·达摩达兰，2000 年）

1. 投资决策

公司金融的第一个决策是资本预算决策，又被称为投资决策。这个决策就是把公司的各种资源进行合理的配置，使公司能够在既有风险的情况下获得更高的回报。进行投资决策时，一方面要关注这项投资活动的风险，另一方面要关心这项投资活动能赚取多少收益。

公司金融里的投资决策，与个人做股票投资、住房投资和其他投资，在道理上来说是一样的，区别在于公司在做投资决策的时候，所面对的不仅仅是有价证券，也不仅仅是比较简单的资产，更多的是一些实物资产、机器设备、生产流水线、矿产、石油开采的基地等，也就是其所涉及更多的是实业方面。但从道理上来说，与个人做投资决策的本质是一样的，即一方面要看这个项目的风险，另一方面要看项目的收益，但是公司的投资决策面对的项目更加复杂，更加聚焦在某个行业、某个领域、某个具体的技术，更加务实。

从投资决策的本质来说，最终平衡的同样是风险和收益，最终的目标也是收益最大化。也就是说，从风险角度考虑的话，公司项目投资的风险越大，在做投资时要求得到的最低回报就越高。如果从收益的维度来考虑的话，我们在做项目投资时会得到很多收益，当然也会产生很多成本。由于公司投资的项目有很多，因此在做一个新的项目决策时，只需要考虑新的项目可能带来的增量收益和产生的增量成本。如果在众多的投资项目中，出现了相互排斥的项目，那么我们就会选净现值最大的项目，或者内部回报率最高的项目，这就是做资本预算决策的两个判断标准。

事实上，在挑选和评估投资项目的时候有很多规则，但最为核心的是净现值（NPV）和内部回报率（IRR）两个规则。我们知道，在评价和挑选投资项目时，最为关键的一步就是估算出投资项目未来各个时间点会产生的现金流，然后把这些现金流的现值一一算出来，加总在一起。这些现金流有可能是正的，也可能是负的，所有现金流的现值加总后产生的一个结果，就是净现值。

相对应地，我们如果先不给定一个投资回报率，而是先假设净现值等于0，根据这个条件反推出一个利率，那么这个利率就是内部回报率。接下来，我们就分别简单介绍一下净现值和内部回报率这两个投资决策标准，以便大家更好地理解投资决策。

（1）净现值规则

净现值规则在使用的时候非常简单，它的标准就是选择净现值最大的那个项目。净现值越大，这个项目就越好。如果只是在评估某一个项目，那就要选择净现值为正的，放弃净现值为负的。所以，如果净现值的规则针对的只有一个投资项目的话，是否要投资这个项目就看它的净现值是大于0还是小于0。如果是大于0，这个项目就可进行投资，如果净现值小于0，就放弃这个项目。

当我们面对非常多的项目的时候，如果这些项目之间只能选择其中一个，项目之间的关系就是互斥的，即相互之间是不能够同时选择的。那么我们在挑选项目时，选择净现值最大的项目就可以了。如果项目之间并没有相互替代关系的话，这些项目都可以选择，那么就要基于可用的资源去进行配置。当存在众多项目，需要选择投资顺序的时候，要先选给公司创造的净现值相对于公司的投资额来说更大的那个项目，因为它的产出效果是更好的。

不难发现，用净现值规则无论是针对单个项目做决策，还是针对多个项目做决策，其关键就在于计算各个项目的净现值。净现值其实就是各个现金流的现值总和，有正的现金流的现值和负的现金流的现值，把它们加在一起即可算出净现值。

举一个例子。比如某个项目期初需要投资1100万元，必要回报率是10%，那么在未来4年当中，整个投资项目的存续期间，所能够得到的现金流的情况是怎样的呢？我们首先来说明10%的必要回报率是如何得来的，为什么要求10%的回报率？实际上这是和这个项目的风险相匹配的，这10%是根据投资项目的风险评估出来的最少要得到的回报率，如果我们投资一个风险更大的项目，那么也就会要求更大的投资回报率。

我们在这里举一个非常简单的情景，每一年得到的收入是现金的流入，收到的收入都是以现金形式或者银行存款的形式体现的，并不以应收账款的形式体现（还没有真的收到钱），而费用都是实际的开支，是已经发生的现金流出。相应地，我们就可以得到每一年的净现金流（现金流入 - 现金流出），然后用10%的利率把净现金流一一地往前折现，再把最初流出的现金流 -1100万元加总在一起，就可以得到整个项目所有现金流的净现值。

（2）内部回报率规则

我们去寻找一个利率，使一个项目的净现值等于0，那么这个利率就是内部回报率。用内部回报率来选择项目的标准也很简单，就是选择内部回报率更大的那个项目。当然，它有一个最低线，就是不能低于必要回报率。当内部回报率大于必要回报率时，由于内部回报率对应的是净现值等于0的利率，我们用必要回报率去计算净现值时，净现值就是大于0的。也就是说，净现值大于0，对应着内部回报率大于必要回报率。相反，如果内部回报率小于必要回报率，对应的净现值就小于0，也就会放弃这个选择，所以净现值和内部回报率的规则本质上是一样的，最终的选择也是一致的。在很多项目间进行抉择时，我们就选择内部回报率最高的那一个。当然，前提条件还是内部回报率要大于必要回报率。

我们同样也来举个例子，有一个投资项目期初需要投资 200 万元，整个持续的时间是 3 年，第一年这个项目可以产生 50 万元的净现金流，第二年产生 100 万元，第三年产生 150 万元的净现金流。如果要算它的内部回报率，可以列一个等式使所有的现金流加在一起要等于 0，因此$NPV=0=-200+\frac{50}{(1+IRR)}+\frac{100}{(1+IRR)^2}+\frac{150}{(1+IRR)^3}$，这样反推出的一个利率就是内部回报率，结果为 19.44%。

净现值和贴现利率之间是一个反向关系，也就是贴现利率越高，未来每一个现金流的现值就越低，相应净现值就越小。在图 4.11 反映的图形中，这条曲线是向下倾斜的；这条曲线和横轴之间的交点，意味着净现值等于 0 所对应的贴现利率，也就是内部回报率。

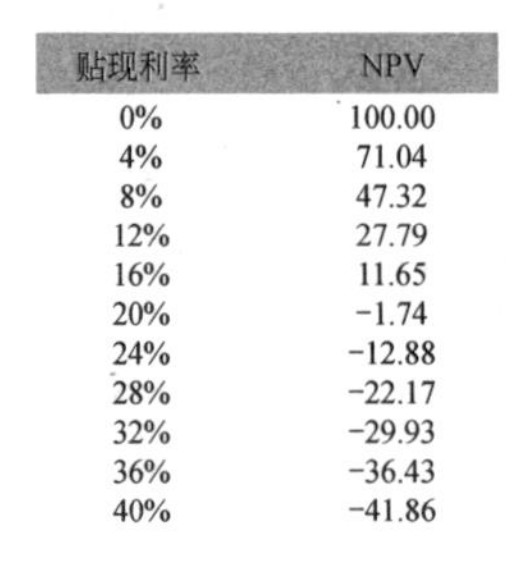

贴现利率	NPV
0%	100.00
4%	71.04
8%	47.32
12%	27.79
16%	11.65
20%	−1.74
24%	−12.88
28%	−22.17
32%	−29.93
36%	−36.43
40%	−41.86

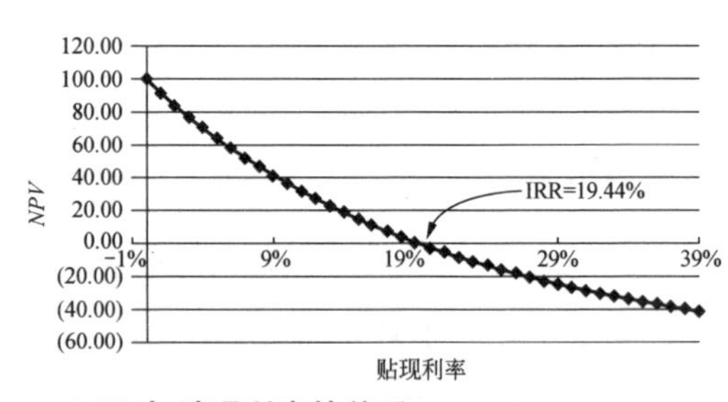

图4.11　NPV与贴现利率的关系

（来源：《应用公司理财》，机械工业出版社，阿斯瓦斯·达摩达兰，2000 年）

总体来说，公司金融当中的投资决策除了用净现值和内部回报率来判断挑选哪些项目之外，还有其他的规则，比如投资回收期、盈利指数等，建议大家看公司金融的相关图书，进一步掌握其他的计算规则。当然，计算规则都是规律性的东西，在实际中去做投资决策时，要基于一个公司或一个项目未来可能会产生的销售收入扣除销售成本等，通过会计的预测、测算，最终归结于每一年这个项目会给公司带来的增量的现金流，根据各个现金流最终算出净现值，算出内部回报率，最终来判断这个项目是否可以投资，或者是投资 A 项目还是 B 项目。总体来说，做投资决策最核心的就是要掌握净现值的规则和内部回报率的规则。

2. 融资决策

公司金融的第二个决策就是融资决策。融资决策就是当我们有一个很好的项目需要去投资时，我们可以用自己的钱，比如公司自己积累的利润，也可以在市场上通过发行股票、发行债券等进行融资，当然也可以申请银行贷款进行融资。不同的融资方式成本不同，公司可以选择搭配一些融资组合，最终使融资成本最小化，这就是融资决策要解决的问题。

对于已经决定做的项目，对它进行投资时，钱从哪里来就取决于融资决策。公司的融资决策也被称为公司的资本结构决策，也就是确定公司是以负债、权益还是其他金融工具来募集资金，或者是用组合的方式来筹集资金。我们做融资决策，就是要使得融资组合最优化。最优化的标准就是使公司的价值最大化，而公司价值最大化对应到融资决策来说就是融资成本的最小化。

企业在做项目投资时，钱一方面可以来源于内部，叫作内源性融资。比如，公司此前的经营所得，一部分会用于分红，一部分则留存了，留存的部分就可以作为未来进一步投资时的资金来源，这个来源叫内源性融资。另一方面可以通过外部来募集，比如通过发行股票、债券，或者向银行申请贷款，这种资金来源是外源性融资。

3. 融资决策的类型

我们在做融资决策时，一方面要知道钱从哪里来，另一方面要决定钱以什么方式募集。融资决策就是要解决诸如此类的问题。比如，我们需要决定，是通过自身的积累来做投资，还是通过外部募集资金来做投资；如果通过外部来募集资金，是通过发行债券的方式，还是通过申请银行贷款的方式，又或是通过发行股票的方式等，这些都是融资决策需要思考和决定的。

比如我们平时经常会听到，很多创业型企业进入了 A 轮融资、B 轮融资、C 轮融资、D 轮融资，这其实就是企业向私募股权融资进行资金的筹集，这里的融资形式就是通过股权来进行融资。再如，我们也经常听说一些大型的国有企业，通过向某银行申请一笔 20 亿元的贷款投了一个项目，那么这种融资方式就是申请银行贷款的融资。另外，我们也会听到，某上市公司在市场上成功发行了一笔债券，那么这种融资方式就是通过发行债券来融资的。

在上面的例子中，发行债券、申请银行贷款都是以债务的方式来融资的，而发行股票或者向私募股权投资让出一部分股权比例都属于股权融资。所以我们在做融资决策的时候，还要决定到底有多大的比例要通过债务的方式来融资，有多大比例通过股权的方式来融资。如果是用发行债券、申请银行贷款或者发行股票来融资，还要决定到底是哪一种债券、向哪一家银行申请贷款、发行哪一种类型的股票或者股权，等等。除了类型的选择之外，我们还要决定在什么时间进行融资。一般来说，在股票市场比较繁荣的时候，往往会选择发行股票来融资，这样估值会更高，相应融资成本更低。而在股市较为低迷的时候，往往可以通过发行债券的方式来融资。当然，在发行股票或债券的时候，股票和债券的发行价格如何确定也是融资决策要解决的重要问题。

可以说，融资决策和投资决策是一个硬币的两面，无论是在做融资的时候，还是在做投资的时候，都要看现金流，也都是要算现金流的现值，当中既包含正现金流，也有负现金流，最终要算的是所有现金流的净现值。因此，在做融资决策的时候，其规则与在做投资决策的时候的规则是一样的，通常要用净现值规则来加以判断。

发行股票和债券是最常用的两种融资方式。接下来我们就来比较一下，到底哪种融资方式更好。有人认为发行债券融资更好，因为发行债券的成本更低，而做股票投资收益率更高，反过来，也就反映出公司的融资成本更高。但是有的人观点则不同，认为发行股票只要不分红，其实就没有成本，所以应该是发行股票融资更好。当然，这是一种错误的理解，即使不分红，发行股票也是有成本的，有发行的费用，而且更多的成本实际上是隐含在市场上的，因为如果分红的预期很小，未来升值的空间有限，那么在发行股票的时候，估值就会很低。总体来说，发行股票和发行债券都有成本，它们之间各有利弊。

事实上，关于我们要采用股票融资还是债券融资的问题，就是决定一家公司资本结构的问题。资本结构是指公司短期及长期负债与股东权益的比例。从某种意义上说，资本结构也就是财产所有权的结构安排。资产负债表的右边，就是负债和所有者权益，它们两项加在一起是等于总资产，那么总资产到底分配给负债多少，分配给所有者权益多少，这就是需要我们去决定的资本结构的问题，而这个结构的调整是通过我们在融资决策时，选择多少负债融资、多少股权融资来完成的。那么这个标准到底是什么呢？这就要回到上面说到的公司的目标，公司的目标是要价值最大化，所以在做融资决策，决定公司资本结构的时候，标准就是最后选择的决策或呈现的资本结构，如何能够使公司的价值最大化。

我们在研究资本结构时，存在一种理想世界中的资本结构，如图 4.12 所示，也就是在没有公司所得税，没有任何交易成本，投资者在做投资和融资时利率相等，所有主体之间不存在利益冲突，各公司之间平等地获取所有相关信息，这时，公司选择债务融资还是选择股权融资实际上是没有关系的。不管债务的占比多高，公司的价值是不发生变化的。

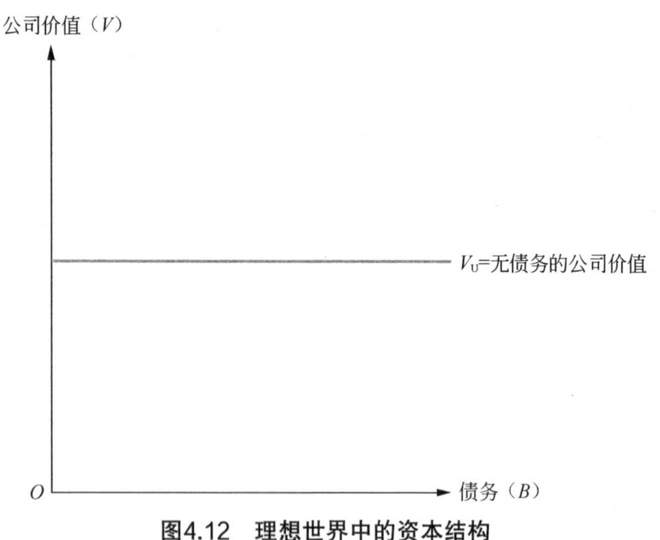

图4.12　理想世界中的资本结构

（来源：《公司理财》，机械工业出版社，斯蒂芬·A. 罗斯，2007 年 1 月）

但是在现实世界里，是不可能完全具备理想世界的条件的，因而资本结构也有所不同，如图 4.13 所示。比如，在有公司所得税的情况下，其他的条件保持不变，由于债务融资可以享受所得税节税的好处，这时我们应该选择以债务方式来融资。但是，随着债务融资的比例越来越高，公司的财务风险就会越来越大。所以随着财务杠杆的增加，财务风险加大，公司财务困境出现。这个财务困境实际上就是公司发债的比例越来越高，要支付的利息越来越多，还要偿还本金，这样就会对现金流产生极大的影响。在支付所得税之前有可能利润就已经是负的了，也就是说不能够足额地支付利息，这种情况下就可能存在违约的风险。公司如果出现了违约行为，债权人是有权接管这个公司的，这就会导致公司所有权被转移，这对于公司的所有者——股东来说是得不偿失的。

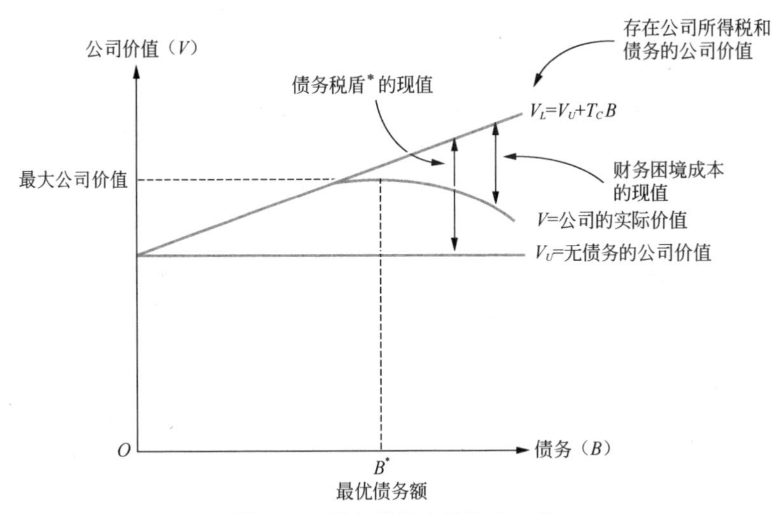

图4.13　现实世界中的资本结构

（* 注：债务税盾是指企业在生产经营活动中发生的利息支出，
并可以在税前扣除的部分。）

（来源：《公司理财》，机械工业出版社，斯蒂芬・A. 罗斯，2007 年 1 月）

所以说，即使是在理想的世界里，发行债券来融资的比例也不是越高越好，而应该有一个合理的水平。也就是说，债务所占的比例应该处在一个中间范围，保持一个较为均衡的水平，这个水平会使公司的价值最大化。观察各家公司资产负债表的负债端和所有权益就能看出，公司通过债务方式得到的资金来源只是所有资金来源的一部分，占比百分之六七十是比较常见的。

当然，也有极少的公司完全不借钱，但是这种情况非常少，绝大多数公司会发行一部分债券，或者向银行申请一些贷款，同时发行一些股票。现实当中，公司的资本结构往往是债务融资和股权融资各占一定的比例，比如，30% 或者 40% 是通过发行股票募集的资金，60% 或者 70% 是通过发行债务证券来募集的资金，这是现实世界当中的资本结构。

4. 债券发行与定价

如果通过发行债券来进行融资，我们确定债券的发行价格时还是要用到现值这个概念。公司发行债券后，未来就要向债券持有人定期支付利息，到期偿还本金，我们可以将支付的利息用 C 来表示，到期偿还的本金用 FV 来表示，然后就可以把各个时间点的现金流都描绘出来。发行债券到底能够募集到多少钱，我们需要针对债券的风险，找到市场上一个对应的利率，然后对这些现金流进行折现定价（用 y 来表示），从而可以估算债券的价值 P_0。

$$
\begin{aligned}
P_0 &= \frac{C}{1+y} + \frac{C}{(1+y)^2} + \cdots + \frac{C}{(1+y)^T} + \frac{FV}{(1+y)^T} \\
&= \sum_{t=1}^{T} \frac{C}{(1+y)^t} + \frac{FV}{(1+y)^T}
\end{aligned}
$$

还是来举个例子，假如 A 公司向市场拟发行面值为 100 元，期限为 10 年，票面利率为 5% 的债券，每年付息两次。如果市场利率有 6%，那么债券的发行价格是多少？我们可以通过前面这个公式进行计算或者直接用 Excel 来计算，最后得出债券的定价应该是 92.56 元。

我们会发现，92.56 元这个价格要比面值 100 元低，这是什么原因呢？实际上是因为市场利率比债券的票面利率高，票面利率只有 5%，而市场上对应这个条件的债券应该要得到 6% 的收益，但是公司只愿意按 5% 付息，那么市场就不会花 100 元买这个债券，只愿意付 92.56 元，这样才是公平的。这也就不难理解，为什么我们不能既要求利率只能是 5%，同时又要求发行价格必须是 100 元，因为这样是不公平的。这就是为什么债券的票面利率低于市场利率的时候会出现折价，票面利率高于市场利率时会出现溢价，因为这样市场才是公平的。

5. 股票发行与定价

通过发行股票来进行融资，也需要对股票进行相应的定价。股票有普通股和优先股之分，这两类股票在权利方面有所不同，在分红的先后顺序上也有所不同。对于普通股来说，股东拥有表决权、选举权、被选举权和剩余价值的索取权。而对于优先股来说，股东有优先的分红权和优先的清偿权，但是分红和清偿也都要在债券的持有人后面。

在发行股票的时候，这个股票到底值多少钱呢？我们经常听说有些创业企业经过了 A 轮、B 轮、C 轮、D 轮融资，融到了一大笔钱，让出了一些股份，这背后实际上就涉及一股到底值多少钱的问题。公开发行的股票上市时，不管是私募股权投资还是 IPO（首次公开发行股票），投资者去进行股票投资时都需要对股票定价。定价的方法不外乎现金流贴现定价法，把未来的现金流贴现到现在，然后计算它的现值总和。对于股票来说，未来的现金流有两种：一种是分红，另外一种就是在未来某个时间点把这个股票卖出去，得到了股票价格。但是在对股票定价的时候，会假定公司一直存续下去，永无到期之日，所以最终股票的价值取决于未来无穷多年的分红，把每一年的分红一一往前贴现就可以算出股票的价值。

由于有无穷多个现金流，因此为了能够在数学上把价格计算出来，我们往往对未来的现金流加以简化。比如，假定未来的分红一直保持不变，每年得到的红利是相等的，这就是一个非常简单的现金流，即没有任何增长的永续年金。它的现值就等于某一笔现金流，比如用 D_1 来表示，除以它的贴现利率，用 k 来表示，即 D_1/k。如果假定未来每年的红利不同，每年的增长率相同，它就构成了一个几何增长的现金流。这样的现金流也是比较简单的，在数学上它是一个无限的等比数列，所以有极限，这个极限值就等于 $D_1/(k-g)$，这个 g 就是红利的增长率，如果红利增长率为 0，就退化为第一种情形，又变成了 D_1/k。

这就是股票定价的两种简单的情形：一种是红利未来没有增长，保持不变；一种是保持一个固定的增长比率。但这两种情形在现实世界里是很难满足的，只是为了计算而做出的一个假定。现实当中，每年红利是不一样的，每年的增长率也不尽相同。总而言之，从数学上我们可以把股票的价格计算出来，但是这个计算出来的价格并不一定准确，只是会计算出一个区间，来为决策提供参考。

6. 分红决策

公司金融的第三个决策就是分红决策，也叫股利决策。在公司经营获利之后就可以向股东分红，而确定是否分红，如果分红采取什么方式向股东分红，以及分多少，就是分红决策的几个关键点。也即公司分红决策应确定三个问题：一是是否分红；二是分红方式；三是分红多少。

分红的方式包括现金分红和股票分红两种。现金分红就是公司向股东以现金或者银行存款的方式发放股利。在分红的时候，支付的现金红利会导致股票市场价格需要调整，这是为了保证公平性。股票发行企业在发放股息或红利时，需要事先进行核对股东名册、召开股东会议等多种准备工作，于是规定以某日在册股东名单为准，并公告在此日以后一段时期为停止股东过户期。停止过户期内，股息红利仍发给登记在册的旧股东，新买进股票的持有者因没有过户就不能享有领取股息红利的权利，这就称为除息。

对于发放现金股利来说，一般有以下几个重要的日期。一是宣布日。公司在某一天告诉市场说要发放股利了，这一天被称为宣布日。二是股权登记日。宣布日会发布发放股利的公告，这个公告里面会明确哪一天是股权登记日。股权登记日是指这一天登记在册的股东有权获得股利。三是除息日。而在股权登记日之后的第一个交易日，那一天股票的价格要扣掉每股的现金股利，也就是要进行除息。那么用前一天股权登记日的收盘价扣掉每股的股息之后，这个价格就作为除息日这一天开盘时候的参考价，这一天叫除息日。

真正股利的支付，并不是在登记日和除息日这两天完成的，因为真正支付现金股利的时候，要通过银行体系，同时还要通过股票的登记系统明确到底有哪些投资者在股权登记日那一天登记在册，再向这些股东实际支付股利，所以这需要一个过程。

所以我们可以这样理解，在股权登记日这一天登记在册的股东享受了红利，而紧接着第二个交易日投资者再去购买股票的时候，就享受不到红利。为了前后公平起见，在除息日的时候，股票的价格是需要扣除每股现金股利的。但这个价格也只是当天开盘的参考价，当天市场的价格保不准会上升，并上升到上一个交易日的收盘价以上，这个过程就叫填息。

以上就是整个发放现金股利的一个标准流程。

另外一种分红方式就是股票股利。股票股利是不以现金的方式分红，而是给股东一定数量的股票。这只股票本身是没有现金流出的，只是投资者手中的股票数量增多了，但是从实际意义上来讲，只是市场上的股票数量增多了，但是股票的总价值并没有因为股票突然增多而带来新的增量，所以原先股票数量较少，现在股票数量增多了，显然每股的价格就变小了。因为股票分红，而要对股票的价格进行调整，这个调整的过程就叫除权。这个原理跟上面的除息是类似的。

以上简单对公司金融所涉及的三大决策，即投资决策、融资决策和分红决策最为核心的内容做了一个讲解。每一个决策背后都有很多细节，需要大家去看一些参考书，再去对这些细节进行丰富，才会掌握得更加全面。

7. 公司与金融市场之间的现金流

通过以上内容的学习，我们再来看看整个现金流的流动情况，如图 4.14 所示。比如，公司在市场上通过发行证券来募集资金，拥有了这些资金之后就可以把它投到流动资产和固定资产上，然后雇佣一些劳动力，进行投资决策。投资决策之后，这个项目会逐步产生一些现金流，一部分现金流通过交税的方式为政府所收取，另外一部分可以留在公司继续经营，还有一部分多余的可以用来分红，剩下一部分要向债权人支付利息。从图 4.14 可以看到整个公司和金融市场之间的现金流入、流出情况。该图基本也概括了公司和金融市场之间的关系。

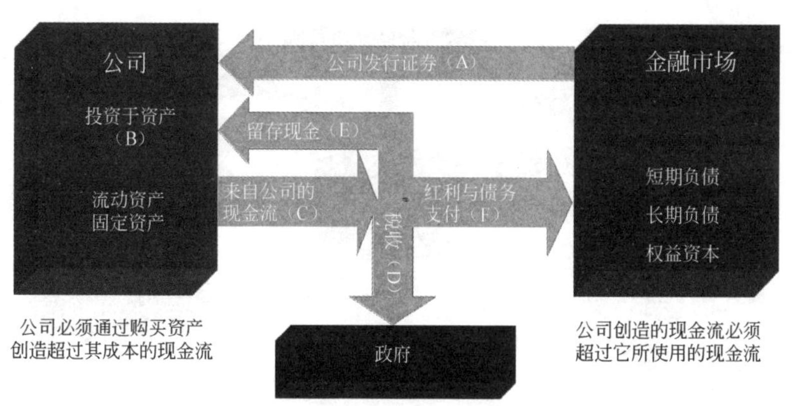

图4.14 公司与金融市场之间的现金流

（来源：《公司理财》，机械工业出版社，斯蒂芬·A. 罗斯，2007 年 1 月）

五 理想的世界

在一个理想的世界里，公司的经营是非常完美的，这里的完美实际上就是指各个主体之间是没有矛盾、没有成本的，如图 4.15 所示。公司实际上为股东所拥有，但对于股份公司来说，股东人数非常多，并不是所有的股东都会参与公司的经营管理，因此往往选择一些人作为公司的管理层完成日常的经营活动。

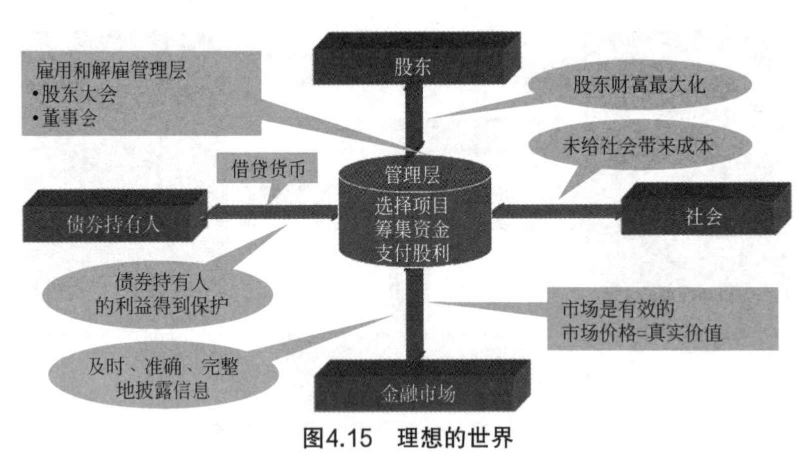

图4.15 理想的世界

（来源：《应用公司理财》，机械工业出版社，阿斯瓦斯·达摩达兰，2000 年）

同时，当一家公司通过外部募集资金时，如果发行了债券或者申请了银行贷款等，那么它就成了债务人，而银行或者债券的投资者就成了公司的债权人。债权人实际上和公司之间的利益往往并不是完全一致的，因为债权人要得到利息，还要获得偿还的本金，而支付利息要在分红之前，所以说债权人和股东之间的想法是不一样的。股东往往希望公司冒更大的风险，赚取更多的回报，支付了利息之后自己可以获得更多的利益。但是如果公司经营的风险很大，就会加大债权人的风险。债权人的想法是公司不要冒太大的风险，公司能保证支付利息和偿还本金。所以两者之间的目标其实并不是完全一致。

从理想走向现实

理想情况下，与公司相关的各主体的利益是没有冲突的，而在现实当中，股东和债权人之间会存在利益冲突，如图 4.16 所示。股东和管理层之间也会有利益冲突，因为股东并不是天天在公司负责经营管理，管理层才是内部人，对公司的经营状况更加了解，好的情况他会向股东披露，而不好的情况他可能会藏着掖着。此外，管理层以得到工资报酬为主，还有奖金，当然也可以被授予股票或者股票期权，但总体上来说股东是所有者，而管理层只是经营者，两者之间的关系往往是有冲突的。当然，公司的经营也可能带来一些社会成本，比如一些公司生产的产品会造成比较严重的污染，因此公司在经营的过程当中，有可能并不完全充分、准确地向市场披露信息，所以和市场之间也会有一些冲突。

我们之前提到，公司的目标是要实现公司价值最大化，其实往往是为了实现股东价值最大化，在这个过程当中，并不一定能够照顾到所有的利益相关人。可能股东价值最大化的时候，债权人的利益会受到损失。在实际管理过程当中，管理层也可能用实现管理层价值最大化的理念来经营公司，这样就会存在道德风险，损害股东的利益。就股东而言，还有股份占比较高的大股东和股份占比较低的小股东，公司的决策往往是大股东说了算，从而可能损害小股东的利益。

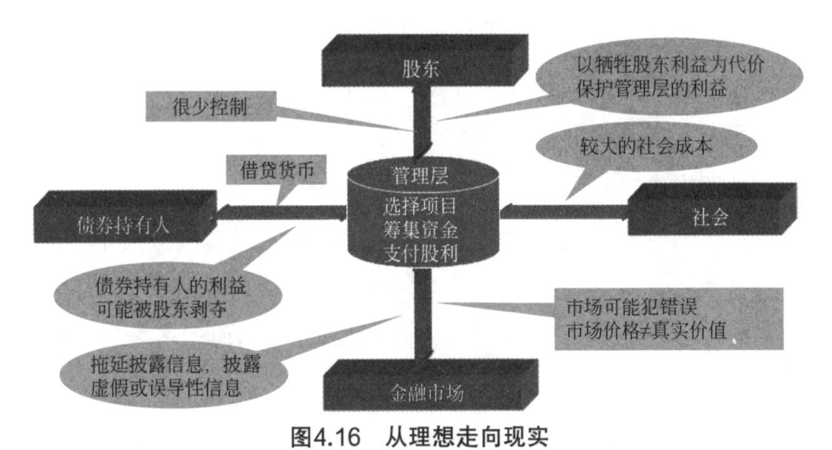

图4.16　从理想走向现实

（来源：《应用公司理财》，机械工业出版社，阿斯瓦斯·达摩达兰，2000 年）

第五章

金融机构——资金的搬运工

一、金融机构的分类

二、认识银行业金融机构

三、间接融资与直接融资

四、认识非银行金融机构

在前面的章节里，晓晓了解了资金融通的整个过程。在这个过程里，金融机构扮演了很重要的角色，金融机构实际上是资金的搬运工。晓晓发现，她无论是在存钱、转账等资金往来的过程里，还是自己想要投资、理财的时候，都会跟金融机构打交道。那么，金融机构的业务到底是怎样的，不同的金融机构的作用又是什么？这一章我们就来聚焦资金的搬运工，深入了解金融机构的知识。

▶ 金融机构的分类

在整个资金融通的过程里，金融机构扮演了很重要的角色，是资金的搬运工。银行作为存款性金融机构，最重要、最有别于其他类型金融机构的一项业务就是吸收存款。

▶ 认识银行业金融机构

银行业金融机构不仅包括银行，还包括资产管理公司、信托公司、财务公司、消费金融公司等，但最主要的还是银行。目前来看，商业银行最主要的业务有三个：吸收存款、发放贷款和办理结算。而银行的主要利润来源，就是发放贷款收取的利息和支付给存款人的存款利息之间的差。

▶ 间接融资与直接融资

银行作为金融中介，通过吸收存款这种间接的方式，把资金从盈余单位吸引到自己的手中，再去挑选赤字单位，这是典型的间接融资。如果赤字单位和盈余单位之间通过金融市场直接发生关系，那就是直接融资。

▶ 认识非银行金融机构

对于银行之外的那些金融机构，即不是银行的金融机构，就叫非银行金融机构。非银行金融机构包括证券公司、保险公司、信托公司、基金管理公司、理财公司等。

一 金融机构的分类

通过前面的学习，我们对金融机构已经有所了解。在整个资金融通的过程里，金融机构扮演了很重要的角色，是资金的搬运工。

事实上，金融机构是对从事资金融通部门的统称。经过几十年的发展，我国形成了以中国人民银行为中央银行，以国有商业银行为主体，政策性金融机构、股份制商业银行和其他非银行金融机构并存、分工的金融体系。

金融机构有很多种类型划分的方法，我国的金融机构按照地位和功能可分为五大类：①货币当局，也叫中央银行，即中国人民银行。②金融监督管理机构，包括国家金融监督管理总局、中国证券监督管理委员会。③银行，包括政策性银行、商业银行，商业银行分为国有商业银行、股份制商业银行、城市商业银行、农村商业银行及民营银行等。④非银行金融机构，主要包括保险公司、城市信用合作社、农村信用合作社、信托投资公司、证券交易所、证券公司、财务公司、租赁公司、典当行等。⑤境内开办的外资、侨资、中外合资金融机构，包括外资、侨资、中外合资银行，外资、侨资、中外合资财务公司，外资、侨资、中外合资保险公司等。

我们按照是否吸收存款，可以把金融机构划分为存款性金融机构和非存款性金融机构。存款性金融机构主要包括银行和信用社，特别是银行。

银行作为存款性金融机构，最重要、最有别于其他类型金融机构的一项业务就是吸收存款。银行可以依法向公众吸收存款，而吸收存款是非常重要的一项业务，这项业务当然是不能够随便给其他的非存款性金融机构的，这一点并不难理解。吸收公众存款涉及的人群非常广泛，所以外溢性非常强，这关系到广大老百姓钱的问题，自然是需要非常安全和可靠的。试想，如果你把钱存到一个机构去，你肯定不希望这个机构将来出现问题。

还有非常重要的一点，存款一定要得到确定的利息，也就是既要保本还要保收益，这就存在刚性兑付的问题。这也是存款这个产品和其他投资产品非常不同的一面。相对来说，存款的风险是非常低的。而反过来对于吸收存款的金融机构来说，它的约束性就非常强，因为想要做到保本、保收益，就需要机构规范经营，安全性要求非常高。当然，存款性金融机构除了吸收存款之外，还有其他的一系列业务，比如银行可以发放贷款等。

非存款性金融机构，顾名思义，是指不能吸收存款的一类金融机构，包括保险公司、证券公司、信托公司、基金公司、理财公司、期货公司等。非存款性金融机构是不能吸收公众存款的，只能开展其他的一些业务活动，这些业务活动大都与我们个人的投资相关。比如，我们买保险需要与保险公司打交道，买基金需要通过基金公司，买卖股票则需要通过证券公司开户再操作等。

二 认识银行业金融机构

中国有非常多的银行，大大小小的银行大概有 4000 家，这其中包括 6 家国有大型商业银行，12 家股份制商业银行，还包括数量众多的城市商业银行、农村商业银行、村镇银行，以及民营银行和外资法人银行等。

当然，我们提到的银行业金融机构，不仅包括上述银行，还包括政策性银行、资产管理公司、信托公司、财务公司、汽车金融公司、消费金融公司等。之所以这样划分也是有渊源的，在 2003 年，中国人民银行分设银行业监督管理委员会，监管中国人民银行原先所监管的诸如政策性银行、信托公司、财务公司、消费金融公司、金融租赁公司等金融机构，所以就产生了银行业金融机构这个概念，当然其中占比最高的是商业银行。银行业监督管理委员会现在已经转变为国家金融监督管理总局，监管责任也有相应的调整。

1. 银行的主要业务

由于商业银行是最重要的银行业金融机构，接下来就重点研究商业银行的业务。商业银行到底是做什么的呢？目前来看，商业银行最主要的业务有三个：吸收存款、发放贷款和办理结算。当然，银行有很多业务，这在商业银行法中有具体的规定，但是以上三种是最为核心的。商业银行的业务最终会反映到它的资产负债表、损益表以及现金流量表上。

（1）**负债业务。**如图 5.1 所示，我们从一张银行的资产负债表来看，商业银行有负债业务、资产业务和不直接体现在资产负债表上的中间业务（广义的表外业务）。负债业务占比最高的就是吸收存款。大家存到银行的钱，对于银行来说就是负债。这也是银行资金来源的主要部分。

图 5.1 是中国工商银行 2020 年的资产负债表，我们从图 5.1 可以看到，右侧负债的合计项占比高达 91.27%，而在负债当中占比最多的是吸收存款，达到 75%。所以在 2020 年中国工商银行 33 万亿元的资产规模当中，有 30 万亿元的负债，在这 30 万亿元当中，有 25 万亿元实际上是通过吸收存款得到的。

中国工商银行资产负债表（2020年）

	余额（亿元）	占比（%）		余额（亿元）	占比（%）
资产：			负债：		
现金及存放中央银行款项	35,377.95	10.61	同业和其它金融机构存放款项	23,156.43	6.94
存放同业和其它金融机构款项	5,229.13	1.57	向中央银行借款	549.74	0.16
贵金属	2,777.05	0.83	拆入资金	4,686.16	1.41
拆出资金	5,589.84	1.68	交易性金融负债	879.38	0.26
金融投资	85,911.39	25.76	衍生金融负债	1,409.73	0.42
衍生金融资产	1,341.55	0.40	卖出回购金融资产款	2,934.34	0.88
买入返售金融资产	7,392.88	2.22	吸收存款	251,347.26	75.38
发放贷款及垫款	181,363.28	54.39	应付职工酬薪	324.60	0.10
长期股权投资	412.06	0.12	应交税费	1,053.80	0.32
固定资产	2,490.67	0.75	应付债券	7,981.27	2.39
在建工程	351.73	0.11	递延所得税负债	28.81	0.01
递延所得税资产	677.13	0.20	其他负债	6,647.15	1.99
其他资产	4,535.92	1.36	负债差额（特殊报表科目）	3,356.76	1.01
			负债合计	304,355.43	91.27
			所有者权益（或股东权益）：		
			股本	3,564.07	1.07
			其他权益工具	2,258.19	0.68
			资本公积金	1,485.34	0.45
			其他综合收益	-104.28	-0.03
			盈余公积金	3,229.11	0.97
			未分配利润	15,105.58	4.53
			一般风险准备	3,397.01	1.02
			归属于母公司所有者权益合计	28,935.02	8.68
			少数股东权益	160.13	0.05
			所有者权益合计	29,095.15	8.73
资产总计	333,450.58	100.00	负债及所有者权益总计	333,450.58	100.00

图5.1　商业银行的业务与资产负债表

（来源：中国工商银行年报）

从以上内容我们可以看到，存款在一家银行当中起着举足轻重的作用，所以有一种概念叫作“存款立行”。我们平时也会听说，各家银行之间的竞争是非常激烈的，这个竞争在很大程度上指的就是“拉存款”。对于一家银行来说，只有拥有了足够多的存款，才能够去有效开展其他业务，这是银行安身立命及发展的基础。

（2）**资产业务**。资产业务中最重要的是贷款。还是以图 5.1 为例，大家从图 5.1 中可以看到，在左侧的资产中，发放贷款及垫款的占比是 54%，是所有资产当中占比最多的。也就是说，在 33 万亿元的总资产当中，有 18 万亿元实际上是用于发放贷款了。还有一个占比较高的就是金融投资，也就是商业银行自己在金融市场去做投资所占用的资金。金融投资的比例也不低，达到了 8.59 万亿元，占比为 25%。中国工商银行有一个专门的部门叫作金融市场部，这个部门主要就是负责这一部分资金在金融市场的运用。这部分钱主要是在固定收益证券上做投资，当然也会投资黄金这样的贵金属，还会投资一些大宗商品，但最主要还是投资各类债券，比如国债、企业债券、公司债券等，因为一般情况下，各类债券的风险和收益相对是较为稳定的。

从图 5.1 还可以发现，在所有的资产当中，还有一项占比也不小，那就是现金及存放在中央银行的款项，占到 10.61%。也就是说，33 万亿元的总资产当中，有 3.5 万亿元规模的资金是放在中央银行的。这里就涉及了存款准备金的概念，也就是放在中央银行供公众来提取存款的部分。各商业银行既然要吸收存款，那么势必要准备一部分现款，以备存款人随时提取，而不能全部贷放出去，这样可以限制商业银行的贷款规模，保证其在紧急时刻有足够的付现能力，有效地防止商业银行由于贷款过度而不能应付存款人提现的危机。

具体来说，存款准备金是指商业银行所吸收的存款必须按照中央银行规定的比率向中央银行缴存一部分。中央银行规定的这个比率叫存款准备金率。中央银行通过提高或降低存款准备金率，实现扩张或收缩信用规模的目的。

存款准备金制度是货币政策工具之一，它的主要功能是调节全国的信贷总额和货币供应量。同时，中央银行集中了存款准备金，通过再贴现和再贷款的办法，可以平衡不同银行间的资金余缺，这就从制度上保证了商业银行不致因大量贷款，而影响自身资金的流动性和偿付能力。从保证商业银行的清偿能力的作用看，它能防止因客户大量取款而发生的资金不足，从而保证存款人的利益。我国自 1984 年中国人民银行专门行使中央银行的职能后，便开始实施存款准备金制度。

（3）**中间业务**。商业银行经办的一些业务是不体现在它的资产负债表中的，比如汇款。当银行在办理一项汇款业务的时候，只相当于把钱进行一下周转，是用客户的资金通过客户的账户转移到客户的另一个账户，或者是转移到客户交易对方的账户上，银行办理这项业务收取的是汇款的费用，并没有动用银行自己的资金。这就属于中间业务。

（4）**资本金要求**。商业银行的业务除了负债业务、资产业务之外，还有资本金要求。资本金就是商业银行股东要出的钱，具体包括股本、其他权益工具、资本公积金、盈余公积金、未分配利润等。

对于上市银行来说，资本主要来源于发行股票和此前经营的留存收益。对于商业银行来说，资本金是非常重要的。银行作为可以吸收存款的机构，安全性非常重要，因此对银行的监管也非常严格，这也是防范金融风险必须要做的事情。

我们对银行的监管，采用的是资本监管的模式。银行是利用比例非常高的负债来经营的一类金融机构，风险其实是非常高的。监管机构为了防范其风险，让银行在做业务的时候，必须要出一定比例的钱，这样一旦出现损失，最开始就有钱来弥补。这种理念就是用自己的资本来弥补损失，这也就是资本监管的模式。所以对于银行来说，资本金是否充足是非常重要的指标。因为当银行的资本充足的时候，抗风险的能力就比较强。

2. 银行的利润来源

对于银行的业务流程，我们通过上面的学习已经了解到，商业银行先是吸收公众的存款，然后将这些存款留足准备金之后发放贷款，而发放贷款收取的利息和支付给存款人的存款利息的差，就是银行利润的主要来源。

因此，商业银行的收入最关键的就是它的资产业务，银行最重要的资产就是贷款以及发放贷款获得的利息，除此之外，还有金融投资以及存放在央行的存款准备金，或者在同业的存放等。而银行要发放贷款，首先要有资金。银行的资金来源于负债和所有者权益，最重要的是存款。当然，为了获得存款，银行需要支付存款利息。

综上，银行主要的收入就是发放贷款取得的利息收入，主要的支出就是吸收存款支出的利息，主要的经营所得就是两者之间的息差。

当然，除了赚取息差之外，还有不占用资金、不体现在资产负债表中的中间业务，比如结算业务、银行卡业务，一些担保类、承诺类的业务，以及基金托管、理财咨询顾问等。

最终，商业银行的经营情况会反映到经营利润表当中。比如，我们通过图 5.2 不难发现，商业银行最主要的收入来源是利息收入，利息收入占总营业收入的比重是最高的。以营业收入作为基准来看的话，利息收入占 123.78%。最大的开支也是利息支出，扣掉利息支出之后，利息净收入占总营业收入的 73.27%，占比如此之大，必然是银行最重要的收入来源。还有一部分比较重要的是中间业务收入所带来的手续费及佣金净收入。另外还有投资净收益，也就是银行利用自己的资金在金融市场上去做投资所赚取的收益，但是占比不算太高。

中国工商银行利润表（2020年）

	余额（亿元）	占比（%）
营业收入	8,826.65	100
利息净收入	6,467.65	73.27
利息收入	10,925.21	123.78
减：利息支出	4,457.56	50.50
手续费及佣金净收入	1,312.15	14.87
手续费及佣金收入	1,466.68	16.62
减：手续费及佣金支出	154.53	1.75
投资净收益	299.65	3.39
其中：对联营企业和合营企业的投资收益	13.04	0.15
公允价值变动净收益	127.97	1.45
汇兑净收益	0.41	0.00
其他业务收入	618.82	7.01
营业支出	4,912.83	55.66
税金及附加	85.24	0.97
管理费用	1,968.48	22.30
资产减值损失	2,026.68	22.96
其他业务成本	832.43	9.43
营业利润	3,913.82	44.34
加：营业外收入	19.57	0.22
减：营业外支出	12.13	0.14
利润总额	3,921.26	44.43
减：所得税	744.41	8.43
净利润	3,176.85	35.99

图5.2　商业银行的经营情况与利润表

（来源：工商银行年报）

资产负债表和利润表是整个商业银行非常重要的两张报表，基本上可以把商业银行的主要业务比较直观地反映出来。

那么，我们要如何衡量一家商业银行的整体状况呢？这当中有三性原则，即盈利性、流动性和安全性，如表5.1所示。也就是说，我们看一家银行不仅要看它赚钱与否，还要看它风险的大小，看它的流动性高低。这也是监管机构看一家银行的主要维度。这三个维度包含一系列指标，比如，资本利润率和资产利润率主要是衡量商业银行的盈利能力，净息差也是衡量盈利能力的，资本充足率、不良贷款比例及拨备覆盖率主要衡量商业银行的安全程度，流动性比例反映的是流动性情况。一家银行的资本利润率、资产利润率、净息差这三个指标越高，表明它的盈利能力越强；流动性比例越高，表明它的流动性越强；资本充足率越高，不良贷款比例越低，拨备覆盖率越高，表明它越安全。当然，这些指标也不是绝对的越高越好，或者越低越好，需要综合权衡整体经营状况。

表5.1　商业银行的部分监管指标示例

指标名称	资本利润率/%	资产利润率/%	净息差/%	流动性比例/%	资本充足率/%	不良贷款比例/%	拨备覆盖率/%
2019-03	13.24	1.02	2.17	56.81	14.14	1.80	192.17
2019-06	13.02	1.00	2.18	55.77	14.12	1.81	190.61
2019-09	12.28	0.97	2.19	57.02	14.54	1.86	187.63
2019-12	10.96	0.87	2.20	58.46	14.64	1.86	186.08
2020-03	12.09	0.98	2.10	58.57	14.53	1.91	183.19
2020-06	10.35	0.83	2.09	58.10	14.21	1.94	182.40
2020-09	10.05	0.80	2.09	58.63	14.41	1.96	179.88

续表

指标名称	资本利润率/%	资产利润率/%	净息差/%	流动性比例/%	资本充足率/%	不良贷款比例/%	拨备覆盖率/%
2020-12	9.48	0.77	2.10	58.41	14.70	1.84	184.47
2021-03	11.28	0.91	2.07	58.46	14.51	1.80	187.14
2021-06	10.39	0.83	2.06	57.62	14.48	1.76	193.23
2021-09	10.10	0.82	2.07	58.62	14.80	1.75	196.99

（数据来源：Wind）

三 间接融资与直接融资

上面提到，除银行外还有很多其他的金融机构，诸如信用社、保险公司、财务公司、证券公司、期货经纪公司等，在区分它们的时候，可以用直接融资和间接融资来划分。

银行作为金融中介，在资金的盈余单位和资金的赤字单位之间扮演了中间人的角色，通过吸收存款这种间接的方式，把资金从盈余单位吸引到自己的手中，再去挑选赤字单位，通过发放贷款这种凭证的方式将资金给予赤字单位。这种融资行为我们把它定义为间接融资，因为从这个过程里可以看到，盈余单位和赤字单位之间并不直接发生关系，而是通过银行这样的金融中介机构在发生关系。除银行外，还有信用社、保险公司、财务公司等金融机构扮演金融媒介或者金融中介的角色，这种融资模式就叫作间接融资。

相对而言，还有一种直接融资的方式，就是赤字单位和盈余单位之间通过金融市场直接发生关系，资金直接由盈余单位到赤字单位，而赤字单位所发行的凭证诸如股票和债券直接到资金的盈余单位。在这个过程当中，证券公司、期货经纪公司、律师事务所、会计师事务所等提供了类似市场专家的服务，它们对赤字单位提供了证券发行与销售的服务，而对盈余单位提供了证券买卖的服务。

举例来说，如果一家公司缺钱了，想要通过发行股票融资，那么这家公司需要先发行股票凭证，然后“有钱人”可以直接买股票，钱可以直接给到公司，在这个过程中，股票如何定价，刚发行出来的股票怎么售卖，都需要投行、券商等的加入，来帮助公司确定和完成。

我们可以通过图 5.3 来看一下，图的上半部分表现的是间接融资的模式，下半部分表示的是直接融资的模式。

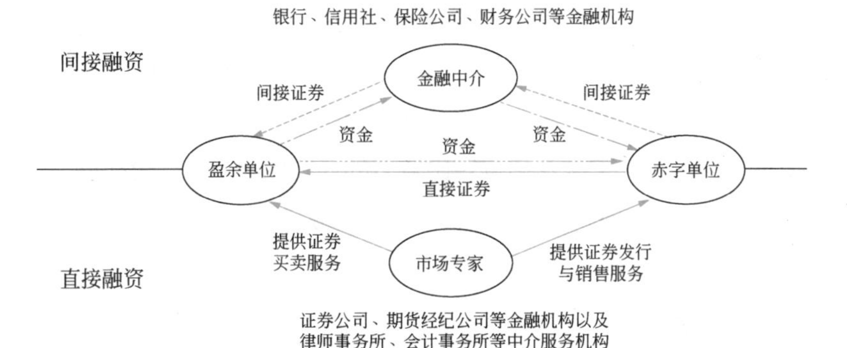

图5.3 间接融资与直接融资

（来源：《金融理财原理》，中国金融教育发展基金会金融理财标准委员会，林鸿钧，2007 年 2 月第 1 版）

四 认识非银行金融机构

银行之外的那些金融机构，即不是银行的金融机构，就叫非银行金融机构。

注意，国外所谓的投资银行不是此处所讲的银行，此处的银行是指商业银行，是进行吸收公众存款、发放贷款等业务的金融机构。国外所谓的投资银行在中国其实具体表现为证券公司。除了证券公司，大家生活中接触比较多的还有保险公司、信托公司、基金管理公司、理财公司等。接下来我们就分别认识这些主要的非银行金融机构。

1. 证券公司

证券公司是依照《公司法》《证券法》的规定设立的经营证券业务的公司，包括有限责任制和股份有限两种形式。证券公司的主要业务包括经纪业务、证券承销保荐业务、财务顾问业务、投资咨询业务、资产管理业务及证券自营业务。在这些业务中，和我们个人比较相关的主要是证券经纪业务、投资咨询业务和资产管理业务，而和企业、公司相关的主要是证券承销保荐业务、财务顾问业务。证券公司也会用自己的资金来进行投资，这种以自有的资金去做配置的业务是它的证券自营业务。

图 5.4 显示了中信证券的资产负债表。通过图 5.4，我们可以

看出中信证券涉及的业务以及各项业务在整个业务当中的地位。

中信证券资产负债表（2020年）

项目	余额（亿元）	占比（%）	项目	余额（亿元）	占比（%）
资产：			负债：		
货币资金	2,336.93	22.19	短期借款	50.10	0.48
其中：客户资金存款	1,582.51	15.03	应付短期融资款	119.42	1.13
结算备付金	569.34	5.41	拆入资金	105.04	1.00
其中：客户备付金	412.67	3.92	交易性金融负债	584.09	5.55
融出资金	1,167.41	11.09	衍生金融负债	468.76	4.45
金融投资	4,860.17	46.16	卖出回购金融资产款	1,982.99	18.83
其中：交易性金融资产	4,199.81	39.89	代理买卖证券款	2,031.11	19.29
衍生金融资产	201.58	1.91	代理承销证券款	10.71	0.10
买入返售金融资产	392.27	3.73	应付职工薪酬	175.84	1.67
应收款项	393.53	3.74	应交税费	73.82	0.70
存出保证金	38.78	0.37	应付款项	1,189.48	11.30
长期股权投资	88.77	0.84	合同负债	21.94	0.21
固定资产	70.48	0.67	长期借款	8.94	0.08
在建工程	4.82	0.05	应付债券	1,719.88	16.33
使用权资产	17.66	0.17	递延所得税负债	31.76	0.30
无形资产	28.55	0.27	预计负债	3.06	0.03
商誉	107.77	1.02	其他负债	76.80	0.73
递延所得税资产	96.62	0.92	负债合计	8,670.80	82.35
投资性房地产	10.60	0.10	所有者权益（或股东权益）：		
其他资产	144.35	1.37	股本	129.27	1.23
			资本公积金	656.28	6.23
			其它综合收益	3.17	0.03
			盈余公积金	94.38	0.90
			未分配利润	647.67	6.15
			一般风险准备	286.35	2.72
			归属于母公司所有者权益合计	1,817.12	17.26
			少数股东权益	41.71	0.40
			所有者权益合计	1,858.83	17.65
资产总计	10,529.62	100.00	负债及股东权益总计	10,529.62	100.00

图5.4　证券公司的业务与资产负债表

（来源：Wind）

以中信证券2020年的资产负债表为例，首先从资产这个角度来看，占比最多的是金融投资，这也就是它的自营资金的配置。在负债端，负债的占比也是非常高的，在整个资金来源当中占到82%，但显然是比银行要低。在这82%的负债当中，有几个项目占比是比较高的，包括代理客户买卖证券形成的应付证券款，卖出金融资产签订回购协议形成的负债，还有应付债券。通过这个例子，我们可以比较清晰地看出证券公司主要的资金来源和它主要的资金运用。

再来看看图5.5的利润表，具体观察证券公司收入来自哪些业务，支出主要用在哪些方面。从营业收入来看，最主要的收入来源是手续费及佣金净收入，占到 49.21%，大概占营业收入的一半。手续费及佣金净收入是证券公司经纪业务所赚取的手续费净收入、投资银行业务以及资产管理业务赚取的手续费净收入的总和。当然，一些资金使用所赚取的利息净收入占比也有 4.76%，因为它有大量的资金是存放在银行的，同时又借入了大量的资金。

中信证券利润表（2020年）

项目	余额（亿元）	占比（%）
营业收入	543.83	100.00
手续费及佣金净收入	267.64	49.21
经纪业务手续费净收入	112.57	20.70
投资银行业务手续费净收入	68.82	12.65
资产管理业务手续费净收入	80.06	14.72
利息净收入	25.87	4.76
利息收入	155.28	28.55
减：利息支出	-129.41	-23.80
投资净收益	248.84	45.76
其中：对联营企业和合营企业的投资收益	5.86	1.08
公允价值变动净收益	-63.91	-11.75
汇兑净收益	-3.29	-0.61
其他收益	1.71	0.31
其他业务收入	66.98	12.32
资产处置收益	0.00	0.00
营业支出	337.44	62.05
税金及附加	3.98	0.73
管理费用	201.45	37.04
资产减值损失	4.95	0.91
信用减值损失	65.81	12.10
其他业务成本	61.26	11.26
营业利润	206.38	37.95
加：营业外收入	0.79	0.14
减：营业外支出	2.47	0.45
利润总额	204.70	37.64
减：所得税	49.54	9.11
净利润	155.17	28.53

图5.5　证券公司的业务与利润表

（来源：Wind）

在营业支出方面，证券公司最为重要的支出就是管理费用，主要是大量工作人员的工资报酬。证券公司与商业银行不同，不是靠大量的营业网点运行，证券公司的主营业务为投资银行业务，而投资银行业务实际上主要是依靠人来完成的。也就是说，我们可以理解为，证券公司本身的资产负债表中所体现的这些资产和负债，并不是它最主要的“生财之道”；银行则不同，银行主要的“生财之道"就体现在其资产负债表的贷款、资金投资、金融投资等方面。所以我们可以看到，银行的资产负债表是非常庞大的，比如前面我们看到，中国工商银行有33万亿元的资产规模，而中信证券作为中国最大的证券公司，它的资产规模才11万亿元左右，规模较中国工商银行小得多。跟商业银行一样，证券公司也有手续费和佣金净收入这一项，但证券公司的手续费和佣金净收入不是直接靠资产负债表来赚取的，是靠人的智慧赚取的。所以证券公司更为重要的是依赖人、依赖智慧来赚取收入，这也是营业支出是工资报酬的“大头”的原因。

2. 保险公司

保险公司是收取保费并承担风险补偿责任，拥有专业化风险管理技术的金融组织机构。保险公司的业务基本上是作为保险人向购买保险的投保人收取保费，并向投保人出具具有按照双方约定的保险金额赔付条件内容的保单，在出现保险事件之后，按照保单的条款向受益人进行赔付。简单说就是收保费，然后出保单，一旦保险事故发生的时候向受益人进行赔付。

按保险标的分类是最常见、最普遍的分类方法，按照这一标准可将保险分为财产保险、人身保险、责任保险和信用保证保险四大类。

财产保险是以财产及其有关利益为保险标的的一种保险。当保险财产遭受保险责任范围内的损失时，由保险人提供经济补偿。

人身保险是以人的寿命和身体为保险标的的保险。保险人对被保险人在保险期间因意外事故、疾病等原因导致伤残、死亡，或者在保险期满后，根据保险条款的规定给付保险金。

责任保险是以被保险人依法应负的民事损害赔偿责任或经过特别约定的合同责任作为保险标的的保险，即对被保险人由于疏忽、过失行为造成他人的财产损失或人身伤亡，根据法律或合同的规定，应对受害者承担的经济赔偿责任，由保险人提供经济赔偿。

信用保证保险是以各种信用行为为保险标的的保险。当义务人不履约而使权利人遭受损失时，由保险人提供经济赔偿。

相应地，保险公司的类型也按照上述的情况分类，分为财产保险公司、人寿保险公司、信用保证保险公司等。

3. 信托公司

信托公司是按照公司法和信托法设立的金融机构，主要经营的是信托业务。信托是指委托人基于对受托人的信任，将其财产权委托给受托人，由受托人按委托人的意愿以自己的名义为受益人的利益和特定目的进行管理和处分的行为。

信托公司经营的是信托业务，具体体现为一个信托产品。信托产品是独立于各个当事人的，它既不属于信托公司，又不属于某一个委托人，也不属于某一个受益人。所以信托是一个独立载体，在法理上不从属于任何当事人。信托的当事人包括委托人、受托人和受益人。委托人是信托关系的创设者，他应是具有完全民事行为能力的自然人、法人或依法成立的其他组织。委托人提供信托财产，确定谁是受益人以及受益人享有的受益权，指定受托人并有权监督受托人实施信托。受托人承担着管理、处分信托财产的责任，应是具有完全民事行为能力的自然人或法人。受托人必须恪尽职守，履行诚实、信用、谨慎、有效管理的义务，必须为受益人的最大利益，依照信托文件的法律规定管理好信托财产。

信托是很多高净值人士在做财产配置或者财产传承时的一个非常重要的选择。一般来说，它投资的门槛是比较高的。

4. 基金管理公司

基金管理公司是管理基金的主体。基金本身与信托类似，它是一个资产，是一个载体，因此基金不从属于基金管理公司，也不从属于某一个投资者。基金有自己的资产负债表、损益表、现金流量表，相当于一个独立的主体，但是它本身是没有人格的，需要由管理人负责管理。

从运作机制来对基金进行定义的话，就是通过向很多投资者发行基金份额募集的资金，然后交给基金管理公司去管理运作。基金可理解为投资在不同的资产上形成的一个资产组合，所以是一个集合的投资方式，也形成了一个风险共担、收益共享的机制。

投资基金按照募集方式的不同分为公募基金和私募基金。公募基金就是广泛地向社会公众发行基金份额募集资金而形成的基金；而私募基金是向不超过 200 人发行基金份额而设立的基金，所以它涉及的投资人群是比较窄的。

根据 2014 年实施的《公开募集证券投资基金运作管理办法》对基金分类的规定，公募基金以监管法规标准分为股票型基金、混合型基金、债券型基金、货币市场基金、基金中的基金（FOF）、另类投资基金、QDII（合格境内机构投资者）等。比如，80% 以上的基金资产投资于股票的，称为股票型基金；80% 以上的基金资产投资于债券的，称为债券型基金。投资于股票、债券、货币市场工具或其他基金份额，并且股票投资、债券投资、基金投资的比例不符合股票型、债券型、FOF型定义的，都称为混合型基金。货币市场基金是指投资于货币市场上短期(一年以内，平均期限120天）有价证券的一种投资基金，主要是投资于货币市场工具如国库券、商业票据、银行定期存单、银行承兑汇票、政府短期债券、企业债券等短期有价证券。

私募基金根据投资对象的不同，可以分为证券投资私募基金、产业私募基金和风险私募基金。证券投资私募基金是以投资证券及其他金融衍生工具为主的基金。产业私募基金以投资产业为主。风险私募基金的投资对象多处于创业期，风险相对来说比较高，适合风险承受能力较强的少数投资者。

基金管理公司是管理这些基金的主体，作为基金的管理人要收取一定的管理费，对有些基金还会收取业绩报酬。比如，对于公募证券投资基金来说，只收取管理费；而对于私募基金，有的不但收管理费，还要收取业绩报酬。

不论是公募基金还是私募基金，基金管理公司是管理基金的主体，却并不是基金的所有人，基金的所有人是基金的投资者、基金的持有人，所以这两者要正确的区分。在做投资时，可能经常会买基金，这些基金所形成的基金资产并不属于基金管理公司，基金管理公司只是来管理这些资产，所以为了防范风险，基金公司管理的这些资产要找一个托管机构来托管。托管机构可以对基金管理公司进行监督，也可以防止基金管理公司挪用基金的资产，从而损害投资者的利益。所以这里再次强调，基金管理公司是管理基金的公司，却不是基金的所有者，基金的所有者是基金的持有人。

第六章

金融市场——资金融通的场所

在上一章，晓晓了解了资金融通过程中，金融机构是如何扮演资金搬运工这一角色的。而在资金融通的过程里，金融市场作为资金融通的场所，也扮演了非常重要的角色。晓晓发现，当她做投资的时候，需要在证券市场里进行买卖股票或者债券。我国有很多的交易市场和交易场所，它们都是什么样的，具体的功能和作用又是什么呢？这一章我们就来聚焦资金融通的场所，深入了解金融市场的相关知识。

▶ 金融市场的功能

在整个资金融通的过程里，作为资金融通的场所，金融市场主要发挥了价格发现功能、资源配置功能、分散风险功能、提供流动性功能和降低交易成本功能。

▶ 认识不同的金融市场

在我国，金融市场主要包括货币市场、资本市场和金融衍生品市场。货币市场交易主要是保证在高流动性下还能保持一定收益；资本市场则提供了资本化所需要的资金，还能提供流动性，以及发挥资源配置、价格发现等功能；衍生金融产品则是用来规避现货风险的一种机制。

▶ 一级市场与二级市场

货币市场、资本市场和衍生品市场，实际上都可以进一步按照证券的产生和流通转让分为一级市场和二级市场，一级市场实际上是投资者和公司之间的交易，二级市场是投资者和投资者之间的交易。

一 金融市场的功能

金融市场是资金融通的场所。具体来说，金融市场是指经营货币资金借款、外汇买卖、有价证券交易、债券和股票发行流通、黄金等贵金属买卖场所的总称。直接金融市场与间接金融市场共同构成金融市场整体。

金融市场可以从不同的角度进行分类：按融资期限划分，可分为短期金融市场和长期金融市场。短期金融市场亦叫货币市场，包括票据贴现市场、短期存贷款市场、短期债券市场和金融机构之间的拆借市场等；长期金融市场亦称资本市场，包括长期贷款市场和证券市场。按交易对象划分，可分为本币市场（包括货币市场和资本市场）、外汇市场、黄金市场、证券市场等。

作为资金融通的场所，金融市场主要具有以下功能：

一是价格发现功能。通过金融市场的交易发现资产的合理价格，这是金融市场最为重要的一个功能。通过市场上众多的投资者之间的交易，可以形成一个最合理的价格。当然，金融市场瞬息万变，价格也是波动不定的。

二是资源配置功能。金融市场可以将资源在不同的项目中进行配置。金融市场和一般的市场一样，有一个无形的手在指挥着资源的配置。最赚钱的项目能够最早获得资金，因为资金是逐利的，它会找到最赚钱的项目去进行配置，因此金融市场可以起到资源配置的作用。

三是分散风险功能。投资者可以在金融市场中选择很多不同的资产进行配置，对于投资者而言可以起到分散风险的作用。对于整个金融体系来说，通过金融市场来进行资金融通，就比单纯通过银行体系进行资金融通更加能够起到分散风险的作用，因为用银行体系来扮演金融中介的角色，为整个经济提供融资服务，是把风险转嫁到了银行体系。所以一个经济、合理的融资结构，应该既有通过金融市场进行的直接融资，也有通过银行等金融中介而进行的间接融资。因此，金融市场可以起到把很多不同类型的资产、证券进行资金融通的功能，进而可以把风险进一步地分散。

四是提供流动性功能。对于有二级市场流通转让的市场，投资者在买入证券之后不用担心不能卖出，而是可以很方便地卖出，这就为市场提供了流动性。

五是降低交易成本功能。如果金融市场的运作效率比较高，交易成本就会比较低。对于间接融资来说，两个主体之间存在信息不对称的情况，需要进行交易协商和沟通交流，交易成本比较高。而在直接融资方式里，比如有公开市场的金融融资活动的交易成本就相对低一些。

1. 货币市场

所谓货币市场，就是指期限在一年或一年以下的短期金融工具发行和交易流通的场所，也称短期资金市场。它主要包括国库券市场、票据市场、大额可转让存单市场、短期融资券市场、回购市场和拆借市场。

国库券实际上是国债的一种，是国家以国库的收入来源作为支撑而发行的债券。期限在一年以内的国库券是在货币市场上进行交易流通的。票据市场的票据可以是企业发行的商业票据，也可以是银行承兑之后的银行承兑票据。大额可转让存单指的是银行签发的、金额在 10 万元以上甚至百万元以上的存单，这个存单和存折有一定区别，它可以在市场上转让。短期融资券是企业为了募集资金而发行的期限在一年以内的债券。回购市场指通过回购协议进行短期资金融通的市场。回购是指在出售证券时，与证券的购买商签订协议，约定在一定期限后按约定的价格购回所卖证券，从而获得即时可用资金的一种交易行为。拆借市场是指具有准入资格的金融机构之间进行临时性资金融通的市场，也就是说，同业拆借市场是金融机构之间的资金调剂市场。

货币市场所包括的市场结构比较复杂，涉及的交易场所也比较多。比如，在中国外汇交易中心当中，也会有债券市场的交易，一年期以内和一年期以上的债券都有。也就是说，虽然它叫外汇交易中心，但是它不仅仅交易外汇，也交易债券。此外，交易场所还包括银行间的拆借市场、票据交易所等。

货币市场主要的特点是这些金融工具的期限比较短，流动性相对比较强，而且风险比较低。所以在货币市场上做投资和交易主要关注的是流动性，而不是特别关心它的收益性，它的收益实际上是比较低的。保证在高的流动性下，还能保持一定的收益，这就是我们去货币市场上进行交易的最主要的目的。

2. 资本市场

第二类金融市场叫作资本市场。资本市场主要是一年以上的债务证券和股权证券发行和交易的市场，是一年期以上的中长期资金市场。因为发行这些有价证券募集的资金在公司可以长期或者较长期地使用，因此从资本市场上募集的资金，可以放在固定资产上进行资本性的支出，形成机器设备这样的资本。

资本市场中交易和流通的证券主要包括股票和债券，股票分为普通股和优先股，债券的种类则有很多，比如企业债券、公司债券、可转换债券、清偿顺序靠后的次级债券，以及政府所发行的一年期以上的国债等。资本市场的主要功能，包括提供资本化所需要的资金，提供流动性，以及资源配置、价格发现等。

在中国，有很多与资本市场相关的交易场所，比如，债券市场就包括交易所债券市场、银行间中长期债券市场，以及商业银行柜台的债券市场。对于股票市场来说，我国有上海证券交易所、深圳证券交易所和北京证券交易所，还有像新三板以及各地的股权交易中心。各层次的市场构成了我国广泛的资本市场。

3. 金融衍生品市场

第三类金融市场叫作金融衍生品市场。所谓衍生品，其实是一种金融工具，是基于标的资产而派生出来的其他资产。衍生品的价格取决于标的资产。

比如，煤炭是一个现货，是一个商品，我们可以开发煤炭期货，期货的价值取决于煤炭现货的价值，此处的煤炭期货就是一个金融衍生品，煤炭现货就是标的资产。常见的金融衍生品包括期货、远期、互换和期权。

期货、远期的本质是一样的，是现在双方达成的一个交易，在未来某个时间点以约定的价格进行交易。也就是双方现在就达成一个协议，在未来某个时间点以某个价格来做交易。还是以煤炭为例，如果你想买入煤炭，可以以现在的市场价格买入；如果是三个月之后才需要一吨煤炭，你可以有以下几个选择：现在就买入一吨煤炭，提前准备着；待三个月之后，从当时的现货市场买入煤炭；通过签订远期协议或者期货协议，把未来三个月买入煤炭的价格提前锁定，这就是用金融衍生品来做交易。如果你现在立马就买进煤炭，但实际上现在并不需要煤炭，其实你就提前占用了资金。如果是待三个月后按照当时的市场价格去购买煤炭，三个月之后不知道市场情况会变成怎样，这样会面临一定的风险。而通过衍生品的交易，现在将三个月后买煤炭的价格提前确定，就可以将三个月后买煤炭的价格上升风险予以规避。

总体来看，衍生品交易实际上并不占用当下资金或者不占用大额的资金，但是又将未来的一笔交易给提前安排好了，这就是我们做衍生品交易的初衷。也就是说，衍生金融产品实际上是用来规避现货风险的一种机制。

互换交易是指交易双方约定在未来某一期限相互交换各自持有的资产或现金流的交易形式，较为常见的包括外汇互换交易和利率互换交易。

在利率互换交易中，为了对冲利率风险或进行投机，交易双方根据名义本金金额（这个金额实际上没有被交换）交换现金流。我们假设甲公司刚刚发行了 100 万美元的 5 年期债券，其年利率为伦敦银行同业拆息 (LIBOR) 加 1.3%，假设 LIBOR 为 2.5%，甲管理层担心利率会上升，于是管理团队找到了另一家公司乙，乙公司愿意以 LIBOR 外加 1.3% 的年利率向甲支付名义本金为 100 万美元的 5 年期贷款。换句话说，乙将为甲最新发行债券的利息买单。作为交换，甲以 100 万美元的名义价值的 5% 的固定年利率向乙支付 5 年。如果未来 5 年利率大幅上升，甲将从互换交易中受益。如果利率下降、保持不变或只逐步上升，乙就会受益。

期权相对来说属于更为复杂的一个衍生品，期权的买方买入的是一个权利，在未来可以按照这个权利的约定，买入或者卖出某个标的物。期权的买方买的这个权利，可以赋予它买入标的资产，也可赋予它按照固定的价格卖出标的资产。前者称为看涨期权，后者称为看跌期权。

远期、期货、互换、期权这四种衍生品交易的场所，统称为金融衍生品市场。金融衍生品市场具体包括远期市场、期货市场、互换市场和期权市场。在中国，具体来说包括上海期货交易所、郑州商品交易所、大连商品交易所、中国金融期货交易所和广州期货交易所等。

三 一级市场与二级市场

以上我们谈到的货币市场、资本市场和衍生品市场，实际上都可以进一步按照证券的产生和流通转让分为一级市场和二级市场，如图 6.1 所示。

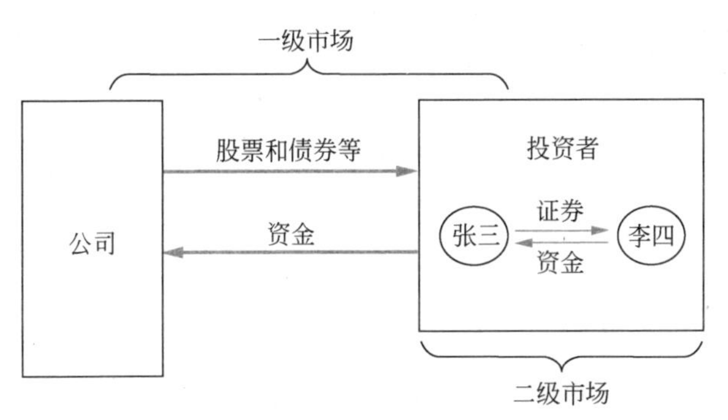

图6.1 一级市场与二级市场

当一个公司发行股票或者发行债券后，投资者去购买其发行的股票或者债券，这个过程实际上是在一级市场完成的，公司相应地就获得了资金，这些资金可以配置在它的项目当中。而投资者持有了公司的债券和股票之后，这些债券和股票可以在市场上的投资者与投资者之间进行转手交易，这个过程是在二级市场（也称流通转让市场）发生的。换句话说，一级市场实际上是投资者和公司之间的交易，而二级市场是投资者和投资者之间的交易。

1. 一级市场

一级市场又被称为发行的市场。在这个市场当中，证券公司也就是投资银行扮演重要的角色，为证券的发行方提供专业的服务，包括承销、保荐等。最为重要的是在发行时，证券公司发挥定价的角色，帮发行方进行估值，确定合理的发行价格。

在发行市场，不同的国家和地区有不同的制度安排。我国的股票发行已经全面实行注册制。所谓注册制，是指发行的时候不用证券监督管理机构来核准，只需要按照法定的标准披露信息。至于证券受不受市场欢迎，主要由市场来决定。虽然在我国实行注册制，但公司上市还是有较为严格的标准，比如公司在财务方面的经营情况，在人员方面的稳定情况，以及在公司治理方面的规范情况等。而过去实行的核准制，是指法律会规定发行的条件，是否可以发行要由证券监督管理机构去做价值判断，判断这些机构是不是健康的、是不是符合条件的，然后决定其是否可以发行证券，即核准之后才能发行。当然，更早之前我国股票的发行还实行过审批制，就是由政府来审批的形式。

以上就是一级市场，尤其是股票市场所涉及的不同制度安排。

2. 二级市场

二级市场是证券交易流通的场所，又称为交易市场。交易市场包括比较规范化的证券交易所和场外市场两类，前者就是场内市场，后者又被称为柜台市场。我们在讲股票市场、债券市场的时候，提到了很多的交易所，比如上海证券交易所、深圳证券交易所等。除了诸如此类的交易所，在美国有像纽约股票交易所、芝加哥期权交易所等。这些有组织的证券交易所共同构成了二级市场。

3. 证券交易所的连续竞价交易机制

在证券交易所做交易的时候，通常会碰到一个问题，即最终成交的价格是怎么确定的。更具体地说，就是我们去买卖股票或者债券的时候，这个价格是怎么撮合出来的。

实际上，证券交易所实行了一种连续竞价的交易机制。连续竞价交易机制有一个非常重要的原则，叫价格优先和时间优先。也就是说，我们在做交易撮合的时候，有很多的交易指令，到底哪一个交易指令最先成交，采取的规则就是价格优先和时间优先。既然是价格优先放在时间优先前面，那么价格优先的原则肯定更为重要。在价格相同的情况下，再考虑时间优先原则。当然，在股票交易的时候还有很多其他的交易规则。接下来再看看我国股票交易的相关规定。

交易时间段：早上9:30正式开盘，到中午11:30暂停，下午1:00又开始交易，一直到下午3:00收盘。

交易单位：通常股票交易的时候，大家都说多少股股票，但是买股票的时候必须得以100股为单位去购买，通常把100股称为一手，因此在买股票的时候要整手整手买进。但是由于拆股、送红股等，会导致股票数量出现零头，所以卖出时实际上会有不足100股的情形。

股票价格最小变动单位：大多数股票的最小价格变动单位就是一分钱，这个价格是按照价格优先和时间优先的原则确定的。

涨跌停板制度：为了防止股票价格的暴涨暴跌，实行涨跌停板制度。对于一般的股票，它的涨跌停盘就是10%的限制。

接下来我们来举例进一步说明连续竞价交易机制的价格是怎

么撮合出来的，各种交易指令的成交顺序又是怎样的。

如表6.1所示，假设在某个交易日有4个存量的交易指令还没有成交，这个指令都属于卖出指令（也叫卖单指令，也被称为一个一个的交易单子）。卖单a、b、c、d的交易数量已知，发出交易指令的时间点已知，报价也是已知的，那么这些指令实际上就叫限价指令，即在发出指令的时候就指定了交易价格，这个价格是交易者愿意承受的一个最低价格。如果市场上有一个比指定的价格更高能够卖出的机会的话，投资者当然是更加乐意的。

表6.1　交易原则案例

卖单	交易量/手	时间	报价
a	350	13:45:00	19.50
b	160	13:46:00	19.52
c	280	13:46:00	19.51
d	160	13:48:00	19.50

对于这个例子来说，这4个交易指令在其他条件相同的情况下，都还没有成交。我们知道，卖出的时候价格越低，对方越愿意跟投资者做交易；而对于买入的时候，价格越高，对方越愿意做交易。对于卖出指令来说，如表6.1所示，价格越低越先成交，所以先看价格。价格最低的是19.50元，因此应该是a和d最先成交。在价格相同的情况下，再看谁发出的指令早。因此，a是最早成交的，接下来是d，接下来才是c和b，这就是由价格优先和时间优先的原则决定的。这4个交易指令成交的先后顺序是a、d、c、b。

总的来说，在一个连续交易的市场，应按照价格优先和时间优先的竞价机制来动态地决定交易指令的成交顺序，并且最终决定每一次成交的价格。以上这个例子是4个卖单，如果换成4个买单，它的方向就变了，那么它的原则也会相应发生变化。如果是针对买入的话，报出的价格越高越先买到，因为对手是愿意跟你做交易的。而对于卖出的话，价格越低，对方越愿意跟你做交易。所以如果把上面这个例子改成是4个买单的话，成交的先后顺序就变成了b、c、a、d。

4. 做市商交易机制

除连续竞价机制之外，在二级市场还有做市商交易机制。做市商是一个实力非常强的金融机构，它在市场上会同时报出两个价格：一个价格是要价，也就是它卖出某项资产要求获得的价格；另外一个价格是出价，也就是它出一个价格从市场上买入。简单地说，要价就是做市商的卖出价，出价就是做市商的买入价。对于投资者来说，和做市商是在做一个对手交易，所以做市商卖出的时候正好就是投资者买入，而做市商买入正好是投资者卖出。所以投资者要按照做市商的要价买入，按照做市商报出的价格卖出。做市商因为提供了市场的流动性，也承担了相应的风险，所以在做这个业务的时候，是要赚取差价的。

那么差价来源于什么呢？实际上来源于要价和出价之间的差额。做市商为了保证有利可图，要价一定会比出价要高，要价和出价之间的差额就是做市商的收入来源。因此，对于投资者来说，从做市商手中买入的时候，要以要价买入，而向做市商卖出的时候，要得到的价格是做市商报的出价。投资者在做市商这种交易机制当中，实际上会承担要价和出价之间的差额。下面我们用一个例子来说明。

通常我们在银行买卖外汇的时候，银行就扮演了做市商的角色。它会同时向市场报出两个价格，一个是银行买入价，一个是银行卖出价，比如说，美元和人民币之间的报价是 1 美元汇兑 6.345 6 和 6.349 8 两个价格，那么 6.345 6 是银行从客户手中买入 1 美元的人民币价格，而 6.349 8 是银行向客户卖出 1 美元所要得到的人民币的价格。

我们作为客户，如果从银行手中买入美元的话，实际上是要以 6.349 8 这个较高的价格买入，而我们向银行卖出美元的话，只能得到一个较低的价格（6.345 6），比如说你以 6.349 8 的价格买进，立马再做一笔反向交易，以 6.345 6 的价格卖出，那么就会承担一个 0.004 2 的价差。这个价差实际上就是交易投资者需要承担的交易成本，而这个成本恰好是做市商获取收入的一个来源。

做市商是不可以任意报价的。如果只有一个做市商，它就可以任意的报价，因为那是一个垄断的市场。但是一旦市场上有很多的机构扮演做市商的角色，做市商之间的竞争就会导致报价越来越合理，越来越趋于均衡状态，而且这个价差会变得越来越低，整个市场会越来越有效率，这就是做市商的报价机制。

前面的连续竞价交易机制是有众多的投资者通过不同的交易指令撮合出来的一个连续的动态变化的价格；而做市商这种交易机制是由做市商基于市场的判断，动态地去报出市场价格，它是另外一种交易机制。

5. 交易指令

在市场上做投资时，我们需要告诉经纪人相应的交易价格、交易数量和交易方向，这就是所谓的交易指令。证券公司或者其他的证券经纪公司会帮助我们去执行指令，它也会赚取相应的收入，叫作佣金收入。比如，从前文可知，中信证券其实通过经纪业务赚取了很多的收入。对于投资者来说，在市场上进行交易的时候，需要把交易愿望，以方向、数量、价格的形式表示出来，告诉经纪人自己的指令。指令具体来说又分为市价指令、限价指令、止损指令和限购指令。

一是市价指令。市价指令是指在发出指令的时候，只告诉经纪人交易的方向及数量，但并不指定价格，而经纪人得到这个指令的时候，就会按照当时的市场条件，以一个最好的价格帮助投资者完成交易。这种指令又被称为随行就市，即按照市场的状况，最终得到一个交易的结果。这种交易指令的成交效率非常高，发出之后一定能够成交，缺点是不利于控制价格。

二是限价指令。限价指令是指为了限制价格而向经纪人发出的指令，我们不但可以向经纪人指明交易方向和交易的数量，为了限制价格还要指定一个价格，这个价格就是自己所能接受的一个最差的价格。比如，买入的情况下，指定的价格就是自己所能承受的最高价格，而卖出的情况下，指定的价格就是自己能够接受的最低价格。经纪人也会按照尽职尽责的原则，到市场上看是否可以达到你的愿望。

比如，你指定以 20 元的价格买进某只股票，在市场上现在能以 19.9 元的价格买进，那么经纪人按照尽职尽责的原则，按 19.9 元的价格买进；如果在市场上现在买进需要花 21 元，这时候按照你的指令，经纪人就不会买进。限价指令的好处是控制了自己的成交价格，缺点是有可能按照当时的市场条件是不能成交的。

三是止损指令。止损指令的前提条件是你已经持有某个资产或者某个有价证券。这个有价证券如果未来价格上涨的话，对你来说是非常有利的，但也许这个价格未来会下跌。所以，比如说未来 1 个月的时间内，你看不准证券的价格到底会上升还是会下降，为了规避未来证券大幅下跌的风险，可以预先告诉经纪人，当证券的价格跌到某个点位的时候，把证券卖出，而没有跌到点位的时候就一直持有证券，这个指令就叫作止损指令。

比如，你还是以 20 元的价格买入了一个证券，你希望持有 5 个月的时间，那么在这 5 个月的时间里，你担心价格会跌破 20 元，那么你就可以事先设定一个止损点，比如 20 元。那么，一旦这个股票从上往下跌到 20 元，经纪人就会将你的证券以 20 元的价格卖出。此时在股价下跌到 20 元的时候卖出这个指令，就是止损指令。止损指令简单地说，就是当你手上有证券时，为了防止它的价格下跌造成更大的亏损，去设定一个止损点位，告诉经纪人，当证券的价格跌破或者跌到一个价位的时候，就立即卖出。

四是限购指令。限购指令与止损指令相反，这里的限购与我们通常所说的限制买卖房子的限购和限售是不一样的，它实际上是指定一个价格，当市场上的价格达到或者超过这个价格的时候是要开始购买。限购指令是针对自己未来一定要买入证券而言的。现在不着急立马购买，是因为你认为未来的价格可能会进一步下跌，但是保不准会上涨，所以说要尽可能地利用这个下跌的机会，同时又限制证券的价格突然上涨的风险，所以指定一个价格，当证券的价格达到指定的价格或超过指定价格的时候，就要求经纪人买进。

第七章

中央银行——货币可以神秘地无中生有

一、认识中央银行及其职能

二、货币的度量

三、货币可以被创造出来

四、货币政策的逻辑与作用

在整个资金融通的过程里，晓晓发现有一个机构叫作中央银行，名字里也有银行两个字，但显然，它跟平时存钱的商业银行是不一样的。那么，中央银行到底是什么样的银行呢？它的职能和作用又是什么呢？这一章我们就聚焦中央银行，一起探究中央银行在整个资金融通的过程里扮演着什么样的重要角色。

▶ 认识中央银行及其职能

中央银行实际上是政府机构，它不是一个商业机构，不以商业利益为目的。中央银行是银行的银行，是发行的银行，是政府的银行。

▶ 货币的度量

货币按照流动性的不同可以划分为不同的层次，包括流通在银行体系之外的现钞M0，M0加上企业的活期存款称为狭义货币M1，M1再加上企业存款和居民储蓄存款就构成了广义货币M2。

▶ 货币可以被创造出来

中央银行和商业银行二元银行体系，使现钞可以被创造出来，银行存款也可以无中生有。

▶ 货币政策的逻辑与作用

货币政策是中央银行最为核心的一个职能，它是中央银行为实现一定的经济目标而实施的，可以改变货币供应量或市场利率进而影响总需求的措施。

一 认识中央银行及其职能

中央银行虽然名字里也有银行，但是和前面所讲到的商业银行有本质的不同。中央银行职能主要是制定、执行货币政策，对金融机构活动进行领导、管理和监督，是一个“管理金融活动的银行”。它不是商业机构，它不是以营利为目的的，而是一个政府机构，通常代表政府的利益，为实现一个经济体的经济目标服务。一个经济体的经济目标包括经济增长、充分就业、物价稳定等，在这些不同的经济目标当中，不同的中央银行有不同的选择。比如，有的央行以维持物价稳定为主要目标，而有的央行将充分就业看成是最主要的经济目标。

目前，很多国家有自己的中央银行，或者说很多国家有统一的中央银行。比如，在中国，中国人民银行作为中央银行；而在美国，联邦储备系统（简称美联储）是中央银行；在欧元区，众多的国家使用同一种货币——欧元，其中央银行叫作欧洲中央银行（简称欧央行）。

1. 中央银行是银行的银行

中央银行是银行的银行，这句话怎么来理解呢？具体来说，中央银行可以向商业银行发放再贷款，成为最后的贷款人。我们知道，当个人或者企业缺钱时，商业银行可以向个人、企业发放贷款，但是如果商业银行缺钱的时候呢？它们就可以向中央银行申请贷款，中央银行也就扮演一个最后贷款人的角色。通常来说，中央银行是不直接和企业或者个人发生业务往来的，它们只对银行里的钱进行管理和调控，也就体现为银行的银行。

2. 中央银行是发行的银行

这句话的意思是说，中央银行是货币的发行主体，它垄断了货币的发行。世界上各个国家都是同样的情况。比如，中国的人民币是由中国人民银行发行的，美国的美元是由美联储发行的，欧元是由欧央行发行的，英镑则是由英格兰银行发行的。所以说，中央银行非常重要的一个职能就是发行的银行，它垄断了货币的发行权。

3. 中央银行是政府的银行

中央银行是政府的银行，是指中央银行作为政府宏观经济管理的一个部门，由政府授权对金融业实施监督管理，对宏观经济进行调控，代表政府参与国际金融事务，并为政府提供融资、国库收支等服务。中央银行是政府的银行，也体现为中央银行代理国库。在中国，国库的收入支出是由中国人民银行来管理的。

综上，中央银行实际上是政府机构，它不是一个商业机构，不以获取商业利益为目的。除了上述银行的银行、发行的银行、政府的银行等传统的职能之外，现代中央银行又有了更多的职能，比如：执行货币政策；维护金融体系的稳定；向整个经济金融体系提供各种金融服务，包括支付、清算、征信等。

二 货币的度量

我们简单了解了中央银行的概念和职能后，就来学习下这一章中最为核心的内容，也就是中央银行是如何“无中生有”创造出货币的，以及中央银行是如何制定和执行货币政策从而实现一定的经济目标的。

我们首先要把握一个基本的概念：货币到底如何度量？

我们在之前的章节讨论过货币的定义和货币的实质。货币的定义就是货币的职能，而货币的实质就是扮演了两个最基本的职能：价值尺度和流通手段。在一个时间点，一个经济体到底有多少货币呢？从定性的角度来说，能够扮演价值尺度和流通手段职能的物都可以被定义为货币，但它只是一个定性的概念，要度量货币的数量，必须从定量的角度对它进行定义，所以就必须得把具体哪些扮演了货币职能的物找到，然后对它们进行统计。

一般来说，我们可以把货币按照流动性的不同划分为以下几个层次：

第一个层次是 M0。M0 代表流动性最高的货币，即现钞。现钞一定是流通在银行体系之外的现钞，也就是流通在银行体系之外的现金。我们之前提到的通货，是流通中的货币。存放在银行库存的那些现金不能被统计在通货中，在中国人民银行的金库里面存放的那些现钞也不能统计为通货，所以 M0 一定是流通在银行体系之外的现钞。

第二个层次是 M1。M1 等于 M0 加上企业的活期存款，也被称为狭义货币。企业的活期存款可以通过银行之间的汇款或者签发支票的方式支付，并不需要从银行提现，所以它的流动性是极高的。

很多人认为狭义货币才是真正和交易发生关系的，这类货币是最重要的一个货币层次，它既包括通货，又包括可以直接在银行体系完成支付的企业活期存款。

还有人认为这是不够的，还需要考虑居民在银行体系的存款，即居民储蓄存款，以及企业在银行体系存放的定期存款。这类人认为，居民很多存款比如活期存款实际上也可以直接在银行体系进行汇划，达到交易的支付，所以它的流动性其实也很高，企业的定期存款也可以很容易就提前变现为活期存款，它的成本也不高，流动性也比较强，因此这类存款也可以和商品的交易很快发生联系，也是可以被统计为货币的。这个层次被称为广义货币，也就是通常所说的 M2。

还有人将其他层次的标的物放在 M2 的基础上，再进一步分层，形成 M3 等货币层次。我们重点关注的是 M0 通货、M1 狭义货币和 M2 广义货币。

1. 我国的货币供应量

货币的数量又称货币的供应量，我们用我国的实际数据看一下。如表 7.1 所示，在 2020 年末，我国的广义货币有 218.68 万亿元，这是一个非常庞大的数字，其中狭义货币有 62.56 万亿元，流通当中的货币，即通货有 8.43 万亿元。

表7.1 我国货币供应量（以2020年数据为例）

项目	2020年	
	金额/万亿元	占比/%
M2：货币和准货币Money & Quasi Money	218.68	100.00
M1：货币Money	62.56	28.61
M0：流通中货币Currency in Cireulation	8.43	3.86
单位活期存款Coporate Demand Deposits	54.13	24.75
准货币Quasi Money	156.12	71.39
单位定期存款Coporate Tinie Deposits	38.38	17.55
个人存款Personal Deposits	93.30	42.66
其他存款Other Deposits	24.44	11.18
不纳入广义货币的存款Deposits Excluded from Broad Money	5.35	—

（来源：中国人民银行）

按照这个数据来看，流通在银行体系之外的现钞（8.43 万亿元）在整个货币供应量当中只占 3.86%，实际上这是一个非常小的比例，大量的货币是存放在银行体系内部的。狭义货币占比有 28.61%，比重也不是很大。所以除了狭义货币之外的广义货币实际上占比非常高，达到 71.39%。狭义货币之外的货币层次，也称准货币，包括企业或其他单位的定期存款、个人储蓄存款以及其他比如机关团体的存款。当然还有不纳入广义货币的存款，也就是在 M2 之外的这些存款，但我们主要考察的就是 M2、M1 和 M0。大家在关注货币的时候，不仅要关注看到的现钞，还要关注在整个银行体系看不见的那些银行存款。其实这个量是非常大的，96.14% 的货币是以看不见的银行存款形式体现的。

2. 我国央行的资产负债表

为了弄清楚货币到底是怎么产生的，最重要的就是要看央行的资产负债表。如果我们要学习金融，财务报表是一个非常重要且非常基本的概念。我们在前面讲到了个人资产负债表，讨论了公司的资产负债表，也看到了商业银行的资产负债表和证券公司的资产负债表，接下来要看一下央行的资产负债表。

就我国的中央银行即中国人民银行而言，在2020年底，它的资产负债情况如表7.2所示。上半部分是资产，下半部分是负债和所有者权益。

表7.2　我国中央银行的资产负债表（以2020年数据为例）

项　　目	2020年	
	金额/万亿元	占比/%
国外资产 Foreign Assets	21.80	56.24
外汇Foreign Exchange	21.13	54.51
货币黄金Monetary Gold	0.29	0.74
其他国外资产Other Foreign Assets	0.39	1.00
对政府债权Claims on Government	1.53	3.93
对其他存款性公司债权Claims on Other Depository Corporaticns	13.34	34.40
对其他金融性公司债权Claims on Other Financial Corporaticns	0.44	1.15
其他资产 Other Assets	1.66	4.28
总资产 Total Assets	38.77	100.00
储备货币Reserve Money	33.04	85.23
货币发行Currency Issue	8.98	23.17
金融性公司存款Deposits of Financial Corporations	22.29	57.50

续表

项　目	2020年	
	金额/万亿元	占比/%
其他存款性公司存款Deposits of Other Depository Corporations	22.29	57.50
非金融机构存款Deposits of Non-financial Institutions	1.77	4.57
不计入储备货币的金融性公司存款Deposits of financial corporations out of Reserve Money	0.49	1.26
发行债券Bond Issue	0.09	0.23
国外负债Foreign Liabilities	0.09	0.24
政府存款Deposits of Government	3.87	9.98
自有资金Own Capital	0.02	0.06
其他负债Other Liabilities	1.16	3.00
总负债Total Liabilities	38.77	100.00

（来源：中国人民银行）

从资产方面来看，中国人民银行总资产在2020年末有38.77万亿元，也是一个庞大的数字。就具体构成来说，占比最高的是外汇，占54.51%。外汇实际上最终体现为中央银行所持有的外汇储备，另外一项占比较大的就是对其他存款性公司的债权。其他存款性公司指的是存款性金融机构，最主要的是商业银行。中央银行是商业银行的债权人，比如通过发放再贷款的方式，再如商业银行通过拿票据到中央银行进行再贴现，都体现在中央银行对其他存款性公司的债权，这项占比为34.40%。此外，中央银行对政府也有债权，占比为3.93%，体现为中央银行购买政府所发行的债券。其他资产占比是4.28%，这个比例相对较高。一些不太能够清楚予以披露的资产就可以放到其他资产里面。我们在分析中央银行资产负债表的时候，这是非常重要的一项，可能会隐藏一些不太愿意公布的信息。

总体来说，中央银行资产主要的项目是外汇、对其他存款性公司的债权。当然，持有的货币黄金也是重要的方面。我们持有的黄金按照黄金的市场价格可以算出中国人民银行大概持有了多少黄金储备。

从负债方面来看，占比最高的是储备货币，占比达 85.23%。储备货币当中占比较多的是金融性公司的存款。金融性公司的存款其实就是其他存款性公司在中央银行的存款，这是中央银行的负债，也体现为其他存款性公司的资产，主要是商业银行在中央银行存放的准备金存款。货币发行就是发行流通在外的现钞，有 8.98 万亿元，与货币层次当中的 M0 是相对应的。

三 货币可以被创造出来

中央银行发行的现钞，就是指会流通在银行体系之外的货币。它们只是货币当中很少的一部分，货币最主要的形态还是体现为银行体系的存款。这部分存款按照流动性的高低有企业活期存款、定期存款以及居民储蓄存款之分，相应地，可以把货币的层次分为狭义的货币 M1 和广义的货币 M2。因此，要讲货币是怎样“无中生有”，就要讲两个方面，一方面是现钞是怎么被创造出来的，另一方面是存款是怎么被创造出来的。

在现实生活中，很多人认为存款很简单，我们把钱存在银行不就产生了存款？其实这并不意味着货币增加了，我们手中的现金存在银行变成了存款，但是同时我们手上的现金减少了，所以这个行为并没有导致货币的增加。反过来，从银行体系取出存款得到现钞，也不会导致货币数量的变化，只是存款减少了、现金增多了而已。

那么货币到底为什么会增多呢？货币为什么能够产生？有了货币之后，为什么货币还可以被创造得更多？从本质上来说，这是中央银行和商业银行二元银行体系导致的。

图 7.1 反映的是中央银行的资产负债情况，以及各个项目之间的钩稽关系。中国人民银行作为我国的货币当局，资产项包括国外资产和国内资产，国外资产主要是外汇储备，国内资产主要

是对其他存款性公司的债权。负债方主要是储备货币，储备货币中更多的是其他存款性公司存放在中央银行的存款、货币发行形成的金融机构的库存现金以及流通在银行体系之外的现钞 M0，此外还有其他的一些负债项。

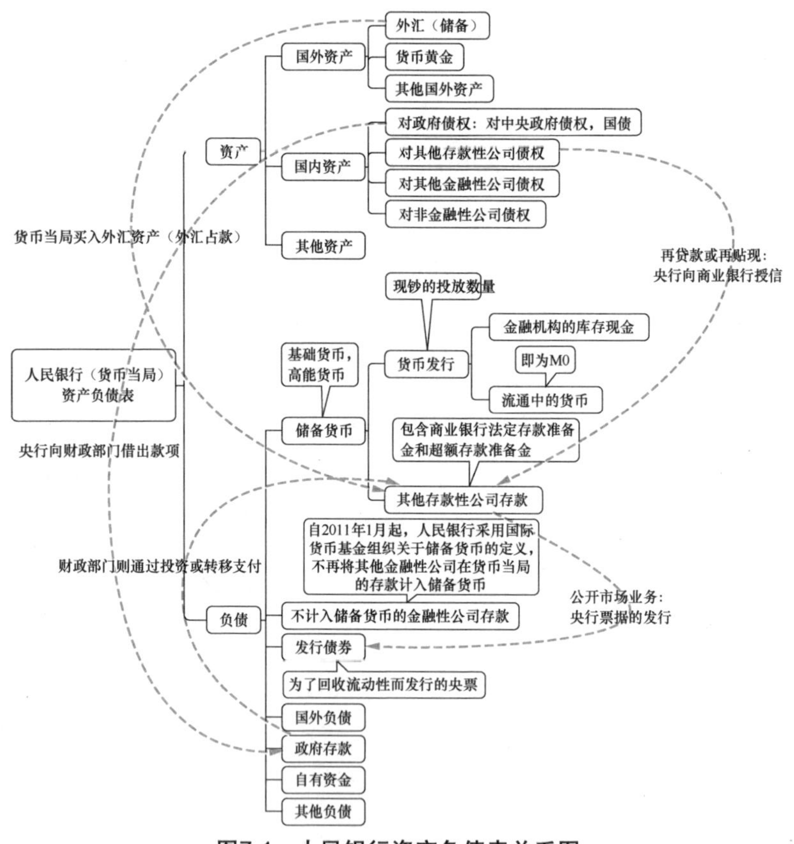

图7.1　人民银行资产负债表关系图

（来源：http://bbs.pinggu.org/thread-4616889-1-1.html）

人民银行作为中央银行，它实际上是可以通过资产项来产生它的负债项的，这就是它可以做到“无中生有”的内在机制。中央银行可以向商业银行发放一笔贷款，商业银行不提取这个钱时，立马就反映在中央银行的负债项上，也就是中央银行是可以通过资产来产生负债，可以无中生有的。

举例来说，中央银行向某个商业银行发放1000亿元的贷款，在中央银行的资产负债表就会反映出资产增加了1000亿元，在负债上同时也增加了1000亿元。负债端反映的是这家商业银行存放在中央银行的存款项，具体体现在“其他存款性公司存款”这个项目。这就体现了中央银行可以通过资产项来产生负债项。当商业银行得到这1000亿元的存款时，并不需要把这1000亿元的存款全部存放在中央银行，中央银行只要求商业银行保留部分存款准备金即可，比如保留10%，因此那1000亿元中就有90%可以由商业银行动用，商业银行在自己的资产项就有900亿的资产是可以自由使用的，比如商业银行可以把这900亿元的资金向企业和个人发放贷款，一旦发放贷款，在整个商业银行体系又会产生新的存款，就如同中央银行的资产会产生负债一样。所以说，商业银行也有这样的功能，通过商业银行的资产项可以产生负债项，从而在商业银行的存款端就产生了更多的存款，因此可以在整个银行体系不断派生出更多新的存款。接下来我们再分别来看看通货和存款是如何被创造出来的。

1. 通货的创造

了解了货币的派生原理，我们就可以去探究现钞到底是怎样被创造出来的了。首先需要有印钞机构。比如，中国的印钞机构是中国印钞造币总公司，其下面有造币厂，这些印钞厂用一些原材料制造出现钞。但要注意，此时制造出的现钞还不能成为真正意义上的现钞，还仅仅是印钞造币机构的一个实物产品。这些现钞会以一定的价格卖给中央银行，当然中央银行只需要用一个很低廉的价格就可以买到这些现钞，只需要给一些造币涉及的费用，所以说此时还没有产生真正意义的现钞。换句话说，这个钱还不是可以立马花掉的钱，它还没有真正实现货币的投放，还是存放在中央银行的金库里面。

当某家商业银行需要现钞的时候，中央银行就可以把现钞给这家银行。在这家银行拿到现钞的同时，中央银行会减少这家商业银行的存款。商业银行的总资产并没有发生变化，只是用在中央银行的存款换取了现钞，这就成为商业银行的库存现金。这个钱还是不能成为我们日常生活当中可以直接花的钱。我们作为客户，从银行提取现钞，商业银行用库存现金给到客户，这才是真正意义上流通在银行体系之外的现钞，也就是通货。

对于流通在银行体系之外的现钞，在市场上到底需要多少是由社会公众的意愿所决定的，不是由中央银行和商业银行规定的。大家如果需要现钞多一些，就从商业银行提取，然后商业银行的库存现金会减少，没有库存现金之后就会向中央银行申请，导致中央银行投放更多的现钞，所以市场上的现钞数量就增多了。而如果居民不太愿意用现钞，居民又会把现钞存回银行，商业银行库存现金过多了，也会把多余的库存现金存放到中央银行，中央银行发行在外流通的现钞也就减少了。

随着信息技术的发展，现在居民在实际生活中用的现钞不像以前增长得那么快，虽然还在增长，但是增长速度越来越慢，所以现钞在整个货币当中所占的比例越来越低。虽然还有 8 万多亿元的现钞流通在银行体系之外，但是居民现在花钱的时候更多用微信、支付宝等方式进行支付，或者通过银行账户直接付款，这显然就会导致现钞的使用降低。

2. 存款的创造

接下来再来看看存款到底是怎么被创造出来的。前面我们已经知道了它的内在机制，也就是中央银行可以通过资产项目产生负债项目，“无中生有”，同时商业银行通过资产产生负债，“无中生有”，就是这种中央银行和商业银行的二元体系，决定了存款是可以成倍派生的。

为了进一步弄清楚内在的机制，先给大家讲解几个基础的概念。

（1）基础货币

基础货币由中央银行发行的流通在银行体系之外的现钞，以及商业银行存放在中央银行的存款和存款准备金所构成。基础货币反映在中央银行资产负债表的负债方。

（2）存款准备金

存款准备金是商业银行为了应付客户的提现需求，在中央银行存放的一定额度的资金，也就是商业银行在中央银行的存款。这个存款并不是商业银行所吸收的所有存款，只需要存放一定比例即可。比如，客户存在商业银行 100 万元，假如存款准备金要求的比例为 20%，那么商业银行就需要存放在中央银行 20 万元，剩下的 80 万元可以自由支配。

（3）法定存款准备金率

中央银行规定商业银行存放在中央银行存款的最低比例称为法定存款准备金率。相应地，要交的存款就是法定存款准备金，超出法定存款准备金的那些存款叫超额存款准备金。法定存款准备金和超额存款准备金统称为存款准备金。我们还可以这样理解，商业银行存放在中央银行的存款，有一部分是法定的，即必须要存放的，多出的那一部分就是超额存款准备金。可以通过计算得到法定存款准备金，计算公式为：法定存款准备金 = 银行吸收的存款 × 法定存款准备金率。

中央银行可以通过调节法定存款准备金率来调整商业银行必须在中央银行存放的最低存款限额。如果调高这个比例，商业银行在吸收同等金额的存款时，能够自由支配的钱就减少了，能够派生出来的新的存款就减少了，也就是货币供应量的派生就会减少。因此，提高法定存款准备金率往往可以收紧银根，而降低法定存款准备金率往往可以释放出更多的货币，使得银根放松，货币供应量增多。

比如，2022 年 11 月底，中国人民银行宣布于 2022 年 12 月 5 日下调法定存款准备金率。降低法定存款准备金率，实际上就可以释放一定的存款准备金，商业银行就可以拥有更多的自由支配的资金，用于发放更多的贷款，从而派生出更多新的存款，使货币供应量增多，从而刺激需求，实现经济增长、充分就业等经济目标。以上就是为什么通过调整存款准备金率，可以影响货币供应量，进而影响经济目标。

下面我们再来具体说说存款是怎么被创造出来的。存款是没有实物的，它具体体现为银行账户的一个数字。实际上，现在大家的财富是以银行存款体现的，它就是信息系统的一个数字。

中央银行可以通过资产业务，比如从商业银行购买外汇、购买国债，或者向商业银行发放贷款，立即产生商业银行的存款准备金，即一笔基础货币。也就是说，中央银行通过自己的资产业务产生了负债，这个负债最终体现为商业银行的存款准备金增多。商业银行在满足法定存款准备金缴存要求的基础上，就有了可以自由支配的资金用于向客户发放贷款。在客户不提现或不全部提现的情况下，发放的贷款最终会回流到商业银行，形成商业银行的存款，这笔贷款就产生了一笔对应的存款。对于这一笔存款，按照中央银行的要求，它也需要在中央银行交一笔存款准备金。在交了一笔存款准备金之后，还是有一笔多余的资金来源，这多余的资金来源又可以进一步去发放贷款，派生出新的存款，这样循环往复，就可以成倍地产生更多的存款。这就是存款派生的机制。

存款可以成倍地被派生，相应地，货币也可以成倍地被派生。新产生出来的货币，包括派生出来的存款和通货与基础货币之间的比例，就是货币乘数。货币乘数往往是大于 1 的，在我国，货币乘数为 7 ～ 8，相当于 1 单位基础货币可以派生出 7 ～ 8 元钱的货币供应量。

因此，在调整存款准备金率的时候，上调存款准备金率可以导致货币供应量成倍地收缩，相应地，下调存款准备金率，可以导致货币供应量成倍地增长，这样就可以达到调节货币供应量，从而影响经济目标实现的作用。

3. 法定存款准备金与货币乘数

我们通过图 7.2 可以看到 1985 年 1 月至 2021 年 12 月人民币存款准备金率的变化，这张图同时也反映出了货币乘数的变化。在2007年之前，人民币存款准备金率适用于所有的银行，所有银行的存款准备金率是一样的。右边轴线可以看到，存款准备金率在低的时候是6%左右，高的时候达到了21%。2002年以来，当有大量的美元进入，人民币面临巨大升值压力时，为了维持人民币和美元之间汇率相对稳定，中央银行被迫在外汇市场买入外汇。买入外汇是一个资产项目，会产生商业银行更多的存款准备金，商业银行就可以通过存款准备金派生出新的存款形成货币供应量的极大扩张。为了对冲因为中央银行买入过多外汇而投放过多的货币，中央银行不断上调法定存款准备金率，由8%、9%左右一直上调到接近21%的水平。这就是上一轮法定存款准备金率上升的原因。从图7.2也可以看出，在这个过程当中，货币乘数是在下降的。在2010年后，人民币法定存款准备金率又逐渐下调。下调法定存款准备金率可以派生更多的货币，也就会导致货币乘数上升。很明显，存款准备金率和货币乘数之间呈现出一个相反的态势。比如，2021年12月份下调存款准备金率，意味着货币政策是宽松的，是会投放更多的货币，以刺激经济增长，稳定宏观经济大盘。

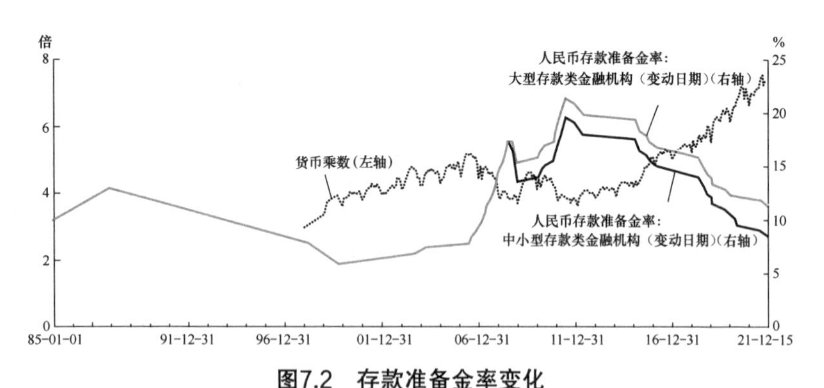

图7.2　存款准备金率变化

（来源：Wind）

四 货币政策的逻辑与作用

我们知道，调整存款准备金率可以使货币供应量发生变化，从而对经济目标的实现产生影响。接下来研究中央银行如何通过采取一系列的政策，来实现自己的经济目标，也就是货币政策的逻辑与作用，如图 7.3 所示。

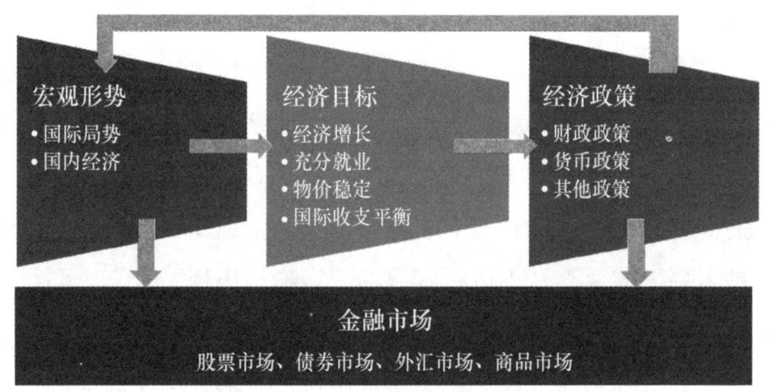

图7.3　货币政策的逻辑与作用

货币政策作为一个宏观的经济政策，在制定和执行的时候基本会先是根据当前的经济形势，用一系列经济指标来反映目前的经济状况，并与事先所设定的或者政策制定者所希望实现的经济目标相对应，判断到底应该执行什么样的货币政策。比如，希望实现 6% 的经济增长目标，但是实际运行过程中，经济增速下滑到了6%以下，这时就需要实行扩张的货币政策；相反，如果实际的经济运行增速大大超过了所希望实现的目标，往往就会实行紧缩的货币政策来对经济进行“降温”。经济政策的制定和执行最终会影响到宏观经济的走势，进而影响到金融市场的形势。

那么，中央银行到底是如何影响经济目标、如何影响经济运行的呢?

货币政策是中央银行最核心的一个职能，它是中央银行为了实现一定的经济目标而实施的，可以改变货币供应量或市场利率进而影响总需求的措施。

经济目标包括哪些呢? 通常来说，宏观经济有四大目标：一是经济增长；二是充分就业；三是物价稳定；四是国际收支平衡。

经济增长通常是用国内生产总值（GDP）的增速来衡量的。充分就业通常是用失业率来表达的，失业率较低表示就业比较充分，失业率较高表示就业没有达到充分状态。物价稳定指的是商品的价格保持不太大的变化，有一些略微的上涨是可以容忍的，但是大幅度的上涨是不可以容忍的。当物价出现了上涨，而且是全面的上涨时，我们就认为出现了通货膨胀。物价出现整体全方位较大幅度的上涨，往往认为是货币投放过多，引起商品的价格出现上涨，也被称为通货膨胀。其实不仅仅是流通在银行体系之外的现钞增加导致了物价的上升，更多的是因为总的货币供应量增多，包括银行存款。关于国际收支平衡，我们知道，出口会导致外汇增多，进口会导致外汇减少，资本的流入会导致外汇增多，资本的流出会导致外汇减少，这会使国际收支出现不平衡的问题。货币政策需要维持国际收支相对平衡，从另外一个角度看，实际上就体现为要维持汇率的相对稳定。

货币政策要实现的，一般是以上这四个经济目标。实现的方法是通过货币政策工具来改变货币供应量，进而影响市场的利率，再影响到个人或企业的消费需求或者投资需求，最终影响总需求。

我们前面在讲货币是怎么被创造出来时，讲了一个非常重要的概念，叫作存款准备金率。通过调整存款准备金率可以改变货币供应量，因此调整存款准备金率就是货币政策之一。除了改变存款准备金率，向商业银行发放再贷款、再贴现，以及中央银行在公开市场上买入外汇、买入国债等，都可以影响到货币供应量。甚至中央银行还可以调整基准利率，比如调整存款准备金的存款利率，或者还有其他市场上的基准利率等。

根据到底是增加货币供应量或降低利率，还是降低货币供应量或提高利率，可以划分为扩张性的货币政策和紧缩性的货币政策。扩张性的货币政策会带来货币供应量的上升或利率的下降，从而刺激需求，引起经济增长、充分就业，当然物价也有可能会随之上升。紧缩性的货币政策是指使货币供应量下降、利率上升的货币政策。货币供应量下降，也会影响到总需求，使需求下降，从而抑制经济过热。

货币政策的最终目标包括上面提到的四大经济目标，不同的中央银行对于这四个货币政策又会做出一定的选择，会看重其中一个或者多个。如表7.3所示，美联储选择的是多重目标，包括促进最大就业、维持物价稳定和维持适度的长期利率。在不同的时间点，经济矛盾的突出点不尽相同，美联储也会适当在这三个目标中有所侧重。当就业成为最突出的矛盾时，促进最大就业就变成了最主要的目标；而当物价成为最主要的矛盾时，维持物价稳定就成为一个最重要的目标。2021年11月，美联储还认为就业是最为重要的，所以将维持充分就业是货币政策最重要的目标，而到2021年12月，美联储认为物价涨得过快，担心未来的通货膨胀会根深蒂固，从而将货币政策的重心放在了维持物价稳定上。所以，同一个中央银行在不同时间点对货币政策的目标会有不同的侧重点，主要看当时的宏观经济状况，通过不同的货币政策去解决当下较为严重的经济问题。

表7.3　货币政策的最终目标举例

一般地	美联储	欧央行	人民银行
四大目标： 经济增长 充分就业 物价稳定 国际收支平衡	多重目标： 促进最大就业 维持物价稳定 维持适度的长期利率	单一目标： 维持价格稳定	多重目标： 保持货币币值的稳定，并以此促进经济增长

对于欧央行来说，它长期一直坚持单一目标，那就是维持价格稳定。我国的央行选择多重目标，既要保持币值的稳定，又要促进经济的增长。实际上这里就包括维持物价稳定、维持汇率稳定和促进经济增长，当然也要维持充分就业。因此，中国人民银行的货币政策内在包含四个目标。当然在不同的时间点，也会侧重某一个目标或某几个目标。比如，在2021年12月，中国人民银行宣布了降准，这充分表明，我们现在更关心的是稳住经济增长，稳住宏观经济大盘，所以更看重经济增长目标。

具体来说，为了实现目标，中央银行有很多的工具可以使用，包括公开市场操作、再贷款、再贴现、存款准备金率及非常规的货币政策。

公开市场操作就是指中央银行可以在市场上买进或卖出国债、外汇等，进而增加或减少基础货币，最终影响货币供应量。比如，当中央银行认为总需求过大，经济过热时，需要减少货币供应量，中央银行就可以在市场上通过出售国债、出售外汇来收紧银根、回笼货币。相反，如果中央银行认为资金短缺，总需求不足，那么为了扩大总需求，就可以通过买入债券或外汇来增加基础货币，从而通过商业银行体系派生出更多的货币供应量，刺激总需求，稳定经济。

需要注意的是，在公开市场操作中，中央银行只能够直接影响基础货币和市场上的利率，并不能够直接影响到货币供应量。货币供应量的变化还要取决于商业银行的态度，也就是说，商业银行到底愿不愿意按照中央银行的意志去改变贷款的发放，从而影响到货币供应量。所以，中央银行只是影响到一个源头，并不一定能够影响到未来货币真正的派生，货币真正的派生还是要取决于商业银行的行为。

同样，中央银行通过调整存款准备金率也可以影响到基础货币，进而影响到货币供应量。前面我们已经了解到，如果上调存款准备金率，那么商业银行就需要在中央银行存放更多的存款准备金，这样就会降低货币的派生。相反，如果中央银行降低存款准备金率，那么商业银行就会有更多的资金用于发放贷款，从而派生出更多的货币。因此，简单来说，存款准备金率上升会导致货币供应量减少，存款准备金率下降会导致货币供应量增多。

此外，中央银行还可以通过再贷款、再贴现的方式，给商业银行提供资金，从而增加基础货币的投放。因此增加再贷款、增加再贴现，实行的就是扩张性的货币政策。商业银行从中央银行得到再贷款、再贴现后，可以用于发放贷款，从而派生出更多的存款，引起货币供应量的增加，最终使市场的总需求增多。相反，如果中央银行回收向商业银行发放的再贷款、再贴现，那么商业银行存放在中央银行的存款就减少了，这样就收缩了存款的派生，也收缩了货币供应量，导致货币供应量总体减少，也就可以抑制总需求、抑制经济过热了。

无论是调整存款准备金率、公开市场操作，还是再贷款和再贴现，都属于传统的货币政策。除此之外，中央银行还有一些非常规的货币政策，比如量化宽松等。

中央银行在实行零利率或者近似零利率的政策后，没有办法进一步去影响市场利率继续向下降，这时，中央银行只能通过在市场上购买有价证券的方式，增加商业银行在中央银行的存款准备金，从而增加基础货币的供给，通过投放大量的流动性资金来干预经济，这个过程就是实行的量化宽松的货币政策。简单来说，就是利率已经降到了几乎为零，不能够进一步下降时，就通过不断向市场提供流动性这种方式增加货币供给。

2008 年全球金融危机爆发之后，美联储率先使用了量化宽松的货币政策。因为那时它的基准利率已经降到接近于零，没有办法进一步下降，美联储就不断在市场上购买资产，向商业银行提供流动性，成功挽救了很多商业银行，也成功维持了整个金融市场的流动性，使得美国的经济很快恢复。在 2020 年，美联储也快速把基准利率下调接近于零的水平，并快速实行了更加宽松的货币政策，叫无限量的量化宽松货币政策。在这个货币政策下，美联储可以向市场购买一切可以购买的有价证券，甚至可以向企业或者个人直接投放流动性。这个政策使美国经济有了企稳的表现，但是带来的后遗症也非常大，比如通货膨胀严重。

除此之外，很多中央银行还使用了常备借贷便利、中期借贷便利等特殊的货币政策。这两个货币政策也是中国人民银行所采取的，有些是定向的工具，有些是面向所有机构的工具。这些货币政策工具是在特定的条件下使用的，所以叫非常规的货币政策。

常备借贷便利（Standing Lending Facility，SLF），是全球大多数中央银行都设立的货币政策工具，但名称各异，如美联储叫贴现窗口（Discount Window）、欧央行叫边际贷款便利（Marginal Lending Facility）、英格兰银行叫操作性常备便利（Operational Standing Facility）、日本银行叫补充贷款便利（Complementary Lending Facility）、加拿大央行叫常备流动性便利（Standing Liquidity Facility）等。借鉴国际经验，中国人民银行于2013年初创设了常备借贷便利。它是中国人民银行正常的流动性供给渠道，主要功能是满足金融机构短期的大额流动性需求。对象主要为政策性银行和全国性商业银行，期限为1～3个月。利率水平根据货币政策调控、引导市场利率的需要等综合确定。常备借贷便利以抵押方式发放，合格抵押品包括高信用评级的债券类资产及优质信贷资产等。

中期借贷便利（Medium-term Lending Facility，MLF），是

指中央银行提供中期基础货币的货币政策工具。2014 年 9 月，中国人民银行创设了中期借贷便利，对象为符合宏观审慎管理要求的商业银行、政策性银行，可通过招标方式开展。发放方式为质押方式，并需提供国债、央行票据、政策性金融债、高等级信用债等优质债券作为合格质押品。

第八章

中央财政——政府的首席金融官

一、财政的本质

二、财政收入与支出

三、认识财政政策

在前面学习金融体系时，我们了解过资金盈余单位或赤字单位的概念，也就是通常所说的“有钱人”或“缺钱人”，这当中有一个重要的主体，那就是中央财政，当然也包括地方财政。在整个资金融通的过程中，政府有时候作为资金的盈余者，有时候作为资金的赤字者。于是晓晓产生了疑惑，对于政府来讲，它的金融问题又该怎么看呢？实际上，财政作为政府的金融官，是为政府的资金收支以及投融资提供相应解决方案的主体，所以把中央财政称为政府的首席金融官。这一章就来讲讲中央财政到底是如何运转的。

▶ 财政的本质

财政在一国经济发展或者分配体系当中占有十分重要的地位。它可以发挥资源配置优化的作用，也可以发挥促进经济增长的作用。

▶ 财政收入与支出

财政收入最主要的就是税收收入，财政支出是政府为履行自身的职能，对从私人部门集中起来的以货币形式表示的社会资源的支配和使用。当财政的支出大于财政的收入时，就会产生财政赤字。出现了财政赤字，政府要怎么去弥补呢？主要是通过发行国债。

▶ 认识财政政策

财政政策就是财政当局为了实现一定的经济目标——包括经济增长、充分就业、物价稳定等而实施的通过改变财政收入和支出，进而影响总需求的措施。财政政策会产生挤出效应。

一　财政的本质

财政实际上是一种公共金融，是政府的金融事务。就像是个人有个人的金融，公司有公司的金融，金融机构有金融机构的金融，对于政府来说，财政本质上也是一种金融活动。财政是一种伴随国家的产生而产生的经济行为或经济现象，其主体是国家或政府，比如财政部或者是地方的财政局、财政厅。本质上，财政是一国政府选择某种形式（实物、力役或货币），获取一部分国民收入，以实现其职能而实施的分配行为。比如，通过征税的方式获取收入，来实现各种政府的职能。

财政在一国经济发展或者分配体系当中占有十分重要的地位。它可以发挥资源配置优化的作用，也可以发挥促进经济增长的作用，更为重要的是，它可以通过税收的方式来调节收入分配，起到收入分配的作用。

具体来说，财政主要有两层含义：

一是从实际意义来讲，是指国家（或政府）的一个经济部门，即财政部门。它是国家（或政府）的一个综合性部门，通过其收支活动筹集和供给经费及资金，保证实现国家（或政府）的职能。在市场经济体制下，财政实际上是一种“公共财政”。它是适应市场经济发展客观要求的一种比较普遍的财政模式。

二是从经济学的意义来理解，财政是一个经济范畴。财政作为一个经济范畴，是一种以国家为主体的经济行为，是政府集中一部分国民收入用于满足公共需要的收支活动，以达到优化资源配置、公平分配、促进经济稳定和发展的目标。其本质是国家为实现其职能，凭借政治权力参与部分社会产品和国民收入的分配和再分配所形成的一种特殊分配关系。

二 财政收入与支出

1. 财政收入

依据不同的标准，可以对财政收入进行不同的分类。国际上通常按政府取得财政收入的形式进行分类。这种分类方法下，财政收入可分为税收收入、国有资产收益、国债收入、收费收入以及其他收入等。

其中，最主要的是税收收入。税收是政府为实现其职能，凭借其政治权力并按照特定的标准，强制、无偿地取得财政收入的一种形式。它是现代国家财政收入中最重要的收入形式和最主要的收入来源。在我国，税收收入按照征税对象可以分为五类税，即流转税、所得税、财产税、资源税和行为税。其中，流转税是以商品交换和提供劳务的流转额为征税对象的税收。流转税是税收收入的主体税种，占税收收入的 60% 多，主要的流转税税种有增值税、消费税、关税等。所得税是指以纳税人的所得额为征税对象的税收，国家开征的所得税有个人所得税、企业所得税。财产税是指以各种财产（动产和不动产）为征税对象的税收，国家开征的财产税有土地增值税、房产税、契税等。资源税是指对开发和利用国家资源而取得级差收入的单位和个人征收的税，包括资源税、城镇土地使用税等。行为税是指对某些特定的经济行为开征的税，其目的是贯彻国家政策的需要，包括印花税、城市维护建设税等。

政府可以通过调整税收来实施财政政策，包括调整税率和税收的征收范围两个方面。具体来看，降低税率实际上是一个扩张的财政政策，而增加税率是一个紧缩的财政政策。在调节税率的过程当中，还有很多具体的操作手法。比如调节累进税[①] 的时候，可以调节起征点，也可以改变征收的收入区间。所以，调整税率不仅体现为税率本身的变动，还体现为其他的形式，尤其是像个人所得税，它的层级比较多，还有企业所得税、增值税等，它们的征收范围也都是可以调整的。2018 年之前，我国的个税起征点是3500元，2018年个税调整后，起征点调整到了5000元，附加扣除项也进行了调整，征收范围有了较大变化。

除了税收之外，财政收入还包括国有资产收益和国债收入。国有资产收益是指国家凭借国有资产所有权获得的利润、租金、股息、红利、资金使用费等收入的总称。国债收入是指国家通过信用方式取得的有偿收入。

2. 财政支出

财政支出，也称公共支出或政府支出，是政府为履行自身的职能，对从私人部门集中起来的以货币形式表示的社会资源的支配和使用。我国主要的财政支出科目包括教育支出、科学技术支出、文化旅游体育与传媒支出、社会保障和就业支出、卫生健康支出、节能环保支出、城乡社区支出、农林水支出、交通运输支出和

---

① 广义的累进税泛指负担水平随课税对象数额增加而呈递增趋势的税收。我国的个人所得税就是适用超额累进税率的。

债务付息支出。

财政支出可以影响到社会总需求，比如购买性支出[①]中有一部分是直接向公务员发工资，这会直接影响到居民的消费需求。另一部分财政里的钱可以直接由政府来进行投资，比如进行基础设施建设，这部分直接可以形成投资需求。转移支付[②]也可以间接改变居民的消费需求。所以财政支出可以通过影响社会的总需求，进而影响到经济的运行，可以实现一定的经济目标。增加财政支出，可以增加总需求，刺激经济增长。减少财政支出，就将减少总需求，从而抑制经济的增长。

下面简单看一下2020年我国财政的收支情况，更加直观了解一下财政的收与支，如表8.1所示。

表8.1　2020年我国财政收支情况

单位：万亿元

项　　目	金额	项　　目	金额
一般公共预算收入	18.29	一般公共预算支出	24.56
中央	8.28	中央	3.51
地方	10.01	地方	21.05
税收收入	15.43		
非税收入	2.86		
政府性基金预算收入	9.35	政府性基金预算支出	11.8
中央	0.35	中央	0.27

① 政府用于购买为执行财政职能所需要的商品和劳务的支出，包括购买政府进行日常政务活动所需要的商品与劳务的支出和购买政府进行投资所需要的商品与劳务的支出。前者如政府用于国防、外交、行政、司法等方面的支出，后者如政府用于道路、桥梁、港口、码头等方面的支出。

② 政府或企业无偿地支付给个人以增加其收入和购买力的费用。

续表

项　　目	金额	项　　目	金额
地方	9	地方	11.53
国有土地使用权出让收入	8.41	国有土地使用权出让收入相关支出	7.65
国有资本经营预算收入	0.48	国有资本经营预算支出	0.25
中央	0.18	中央	0.09
地方	0.3	地方	0.17

（来源：财政部官网）

从收入来看，包括一般公共预算收入、政府性基金预算收入和国有资本经营预算收入这三个方面。

第一大类是一般公共预算收入，包括中央和地方两个层面的收入，中央收入是 8.28 万亿元，地方收入是 10.01 万亿元。按照类别可以体现为税收收入和非税收入，税收收入有 15.43 万亿元，非税收入为 2.86 万亿元，这里也可以看出税收的重要性。一般公共预算总的收入是 18.29 万亿元。

第二大类是政府性基金预算收入，也分为中央的政府性基金预算收入和地方的政府性基金预算收入。主要是体现为地方的 9 万亿元。其中，国有土地使用权出让的收入占最大的比重，达到 8.41 万亿元。所以对于中国财政的收入，有很大一部分来自土地使用权的出让，而且土地使用权的出让主要体现在地方政府，所以地方政府的很多收入来源除了税收之外，还有重要的一块就是土地使用权的出让收入。这也是大家通常所说的“土地财政”。

对于国有资本经营预算收入，只有 4800 亿元，这部分指的是很多国有企业通过其经营获取的一些收入，最终划归到财政。

从支出这个角度来说，最主要的支出是一般公共预算支出，总共是 24.56 万亿元，中央花了 3.51 万亿元，地方花了 21 万亿元，地方 31 个省、市、自治区还有特别行政区的预算是相对独立的。此外，还有政府性基金预算支出 11.8 万亿元，其中地方有 11.53 万亿元。在这当中，国有土地使用权出让收入相关支出非常高，达到 7.65 万亿元，所以国有土地使用权出让的净收入其实只有 0.76 万亿元的规模，也就是说，它的成本其实是不低的。此外，国有资本经营预算的支出有 2500 亿元。

3. 财政赤字

当财政的支出大于财政的收入时，就会产生财政赤字。财政赤字是国家财政当年支出大于收入的经济现象。在现实中，国家经常需要大量的财政资金解决大量的经济和社会问题，有时会出现入不敷出的局面。这是财政赤字不可避免的一个原因。不过，这也表明财政赤字具有一定的调节作用，也就是说，在一定限度内可以刺激经济增长，可以在一定程度上解决政府的燃眉之急。

一个国家财政赤字累积过高，就好像一间公司背负的债务过多一样，对国家的长期经济发展而言并不是一件好事，对于该国货币也属于长期的利空。想要解决财政赤字，只有采取减少政府支出或增加税收两项措施，这可能对经济或社会的稳定有不良的影响。

2020 年，我国的中央一般公共预算收入是 8.28 万亿元，加上从中央预算稳定调节基金及中央政府性基金预算、中央国有资本经营预算调入的 0.89 万亿元，收入总额是 9.17 万亿元。我国的中央一般公共预算支出是 11.83 万亿元，加上补充中央预算稳定调节基金 0.12 万亿元，支出总额是 11.95 万亿元。收支相抵之后，我国中央的财政赤字是 2.78 万亿元。

4. 发行国债弥补赤字

出现了财政赤字，政府要怎么去弥补呢？主要是通过发行国债。这其实很好理解，当我们个人缺钱的时候，最容易的方式是先去借钱，那么当中央财政入不敷出的时候，原理也是一样，靠借钱，而借钱最主要方式就是发行国债。在地方政府入不敷出的时候，也可以通过地方政府发行地方政府债券来弥补赤字，还可以采用其他的手段，比如通过自己的融资平台公司进行融资，或者将自己下属的事业单位、地方国有企业作为举债主体来借钱，这些都属于隐性的地方政府负债。这部分是需要中央政府进行一定控制的，因为如果任其泛滥，最终会出现很大的问题。

对于中央政府来说，通常就是通过发行国债来弥补赤字。如表 8.2 所示，在 2020 年，中央财政发行了内债 7.08 万亿元，也就是中国境内的机构所购买的国债，另外还有 1000 亿元的国债是在境外发行的，投资者是境外的机构，属于外债。总体来看，基本上我国中央财政的负债都体现为内债，具体又分为储蓄国债和记账式国债。储蓄国债是通过银行体系来发行的，居民去做国债投资就相当于进行储蓄存款，因为国债非常安全，几乎可以认定为是保本保收益的，所以把它称为储蓄国债。记账式国债是通过交易所系统或者是银行间市场发行的国债，2020 年这部分有 6.91 万亿元。

表8.2 发行国债情况举例

单位：亿元

项 目	预算数	执行数
一、2019年末国债余额实际数		16.80
内债余额		16.60
外债余额		0.20
二、2020年末国债余额限额	21.30	
三、2020年国债发行额		7.18
内债发行额		7.09
外债发行额		0.09
四、2020年国债还本额		3.09
内债还本额		3.06
外债还本额		0.02
五、2020年末国债余额实际数		20.89
内债余额		20.63
外债余额		0.26
六、2020年执行中削减中央财政赤字		
七、2021年中央财政赤字	2.75	
八、2021年末国债余额限额	24.05	

（来源：财政部官网）

2020 年，中央政府偿还的以前发行的国债有 3.09 万亿元，内债支付的利息是 5500 亿元，也就是还本付息总共是 3.64 万亿元。这也意味着，2020 年发行的 7.18 万亿元国债中，有一部分是为了偿还以前的本金和支付利息，去掉这部分净发行的国债大概有 3 万多亿元，这个规模和弥补的 2.8 万亿元的赤字基本上差不多。

由于国债是中央政府的负债，国债也相应成为中央银行在实施货币政策时的一个重要操作标的。中央银行可以通过在公开市场买入国债，投放新的货币，产生货币的派生，从而增加货币供应量。国债也是商业银行和很多投资者的投资标的，因为国债的收益率跟银行存款基本上相当，有的时候甚至会比银行存款高一些，因此对于投资者来说也是有一定吸引力的。所以我们可以看到，发行国债是为了弥补中央财政的赤字，但是它也成为大家所喜欢的一个金融产品。因为它几乎是没有风险的。中央财政的信用等级是最高的，基本上它是会刚性兑付的，不会不还本，也不会欠利息，哪怕没有钱，也可以发行更多的国债来还钱，只是要不断把国债规模滚大而已。所以中央财政信用等级是高于金融机构的，更高于企业所发行的企业债券。因此，大家在投资国债的时候，是没有信用风险的，但市场利率波动会引起国债价格的波动，这种市场风险是存在的。

三 认识财政政策

我们在此前学习过货币政策，货币政策是中央银行为实现其特定的经济目标而采用的各种控制和调节货币供应量和信用量的方针、政策和措施的总称。接下来要学习的财政政策，则是另外一种为实现一定经济目标而实施的政策和措施的总和，也是往往会和货币政策配合使用的另一种主要的宏观经济政策。

具体来说，财政政策就是财政当局为了实现一定的经济目标，包括经济增长、充分就业、物价稳定等而实施的通过改变财政收入和支出，进而影响总需求的措施。财政政策也分为扩张性的财政政策和紧缩性的财政政策，扩张的财政政策也称为积极的财政政策，紧缩的财政政策也称为消极的财政政策。

通常来说，实行扩张性的财政政策需要加大财政支出或减少财政收入。比如降低税率，就可以刺激个人或者企业增加需求，包括消费需求或投资需求，进而刺激经济增长。再如通过增加政府购买，政府直接可以购买更多的商品，进而刺激企业的投资需求，还可以投入更多的转移支付，居民拿到资金后也可以进一步增加消费需求，进而刺激总需求的增加，这就是扩张性的财政政策。相应地，政府可以通过征税或者减少财政支出，来抑制社会的总需求，最终达到对经济降温的目的。

中央财政在实施财政政策的时候，会对经济产生积极影响，但这个影响或许会“打折扣”。比如，实行扩张性的财政政策，会刺激经济增长，但是它有一个负面的效应，就是财政政策在执行的时候，会挤出私人的原本需求。比如，政府支出增加的时候，本来希望增加社会的总需求，但是在政府支出增加的时候，在市场上需要发行更多的国债来募集资金，往往会导致市场利率的上升，市场利率的上升就会使很多私人投资无利可图，从而将一些私人投资替代掉，这样产生了所谓的挤出效应。

举例来说，政府如果增加 500 亿元的支出，一般来说认为总需求也会增加 500 亿元，但实际上，考虑对私人投资的挤出的话，实际上并没有带来 500 亿元的净增加。所以财政政策存在的挤出效应，会导致财政政策的效果打折扣，也就是它所产生的效果不如政策制定者预期的那么大，甚至如果财政政策采取过多的话，原本市场可以提供的一些产品也被政府所替代，实际上是抢夺了私人的市场，从而产生更多的后遗症。所以，财政政策不是万能的，也有负面作用。

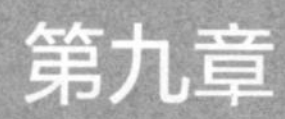

第九章

钱的价格——通胀率、利率与汇率

通过前面章节的学习，晓晓知道了很多关于钱的概念。本来钱是度量其他商品或服务乃至资产价格的，那么钱本身也有价格吗？答案是肯定的。关于钱的价格，实际上包括通胀率、利率和汇率3个方面。这一章我们聚焦钱本身的价格问题，以及这里面所包含的原理。

▶ “钱”也有价格吗

货币其实也是有价格的，体现为它的购买力，通货膨胀率直接反映了货币购买力的变化。

▶ 通货膨胀的成因与类型

通货膨胀的形成就是因为货币过多，根本原因就是货币供应量变多了。通货膨胀有需求端拉动形成的通货膨胀，也有成本端推进形成的通货膨胀。

▶ 利息与利率

对于钱的价格，还有一个维度可以衡量，就是在做投资的时候，把钱给别人使用，其他人因为占用了资金而支付一定的报酬。在资金借贷过程中，给借出的一方的报酬，就是利息。

▶ 外汇与汇率

汇率是两种货币之间交换的比率，是一种货币作为度量价格来衡量另外一种货币的价格。根据买卖方向不同，汇率可以分为银行买入价和银行卖出价。关于汇率，有不同的理论可以告诉我们它的原理。

“钱”也有价格吗

1. 货币的购买力

在本书中，我们提到钱，主要说的就是货币。货币作为价值尺度，是可以度量商品、服务和资产价格的，也就是可以度量一单位商品、一单位服务或者一单位资产到底值多少钱。比如，一辆汽车的价格是 50 万元人民币，或者 9 万美元，那么人民币和美元都是作为价值尺度衡量这一辆汽车价格的。反过来看，一单位货币可以购买多少单位的商品，就体现为货币的购买力，也就是体现为货币的价格。

也就是说，货币和商品之间的衡量是相互的，我们通常把货币的价格表示为物价的倒数，如果物价用 p 来表示的话，那么货币的购买力就是 $1/p$。这也就意味着，如果商品的价格上涨了，货币的购买力就下降了。从这个角度来看，货币其实也是有价格的，体现为它的购买力。

2. 通胀率

当面对众多的商品时，有的商品价格可能会上涨，有的商品价格可能会下跌，因此用某一个商品来度量货币的购买力就不科学了。我们需要把市场上诸多商品的价格汇总起来，形成一个物价指数，通过看物价指数的涨跌，来衡量整个市场所有商品价格的变化趋势。这样也可以从总体上看出，货币的购买力是增多了还是减少了。

我们也能直观地感受到，当绝大多数商品的价格呈上升而且是持续上升的状态时，用相同数量的货币去购买商品的数量就会减少，货币的购买力就会下降，这就说明出现了通货膨胀。通货膨胀、物价上升，代表了货币购买力的下降。当然，通货膨胀并不仅仅因为是通货变多了，还包括银行存款变多了，进而引起商品价格普遍性的上涨。

反之，如果物价出现普遍而持续的下跌，一单位货币就可以购买到更多的商品，那就意味着货币购买力的上升，也就是说一单位货币可以购买到更多的商品，这就是出现了通货紧缩。

无论是通货膨胀还是通货紧缩，其实都是不太受欢迎的经济现象。通货膨胀过高，货币的购买力就会快速下降，如果居民将货币作为价值储藏，它的价值就会受到损害，财富就会被稀释。而出现通货紧缩，对于企业来说，在生产过程中也会受到影响，因为整个生产过程是持续的，先购买原材料、购买劳动力，产生成本。一旦商品被生产出来，其价格却大幅度地下跌，因为付出的成本相对较高，获取的收入却相对较低，这样就容易形成亏损。

举一个简单的例子，对于一个业务为先进货后卖出的贸易商来说，最初以 10 万元进一批货，但物价突然出现大幅下挫，这一笔货只能卖出 5 万元，这个贸易商就遭受了 5 万元的损失。所以说，无论是通货紧缩还是通货膨胀，对经济来说都是不好的状态。当出现通货紧缩或者通货膨胀时，货币购买力就出现了涨或跌，有人可能会觉得，货币购买力上涨，那么自己手上的钱可以买到更多的东西了，这不是挺好的吗？但从整个社会的角度来看，整个经济会受到重创，企业发展不好，对于货币持有者来说也不是好事情。

上面提到可以用物价指数的涨跌来反映货币购买力的变化，因此通货膨胀从某种程度上来说也间接地反映了货币购买力的变化，进而反映了货币价格的变化。所以，为了度量货币购买力下降或者上升的程度，或者说通货膨胀、通货紧缩的程度，也需要编制物价指数来反映整个物价水平的变化。

物价指数其实有很多，最常见也最重要的是消费者物价指数，消费者物价指数通常被称为 CPI。为什么大家在做投资的时候，还要关注消费者物价指数呢？因为消费者实际上也是投资者，消费者如果省下现在的资金不消费，就可以去用于投资，通过投资在未来获得现金流，再用于消费。但这个过程会实现一个“惊险"的跨越，就是在投资的过程当中，商品的价格可能会上升，这就会影响未来的消费。所以在做投资的时候，不仅要看这项投资可以赚取多少回报，还要考虑在投资的这一段时间内商品价格上涨的情况。

消费者物价指数主要测量消费品价格的变化情况。消费者物价指数在两个时间点发生的变化率，代表了消费者物价指数的增长率，实际上就是通货膨胀率，用 π 来表示。如果上一年末物价指数为 CPI_0，而本年末物价指数为 CPI_1，那么通胀率为：

$$\pi=\frac{CPI_1}{CPI_0}-1$$

通过表 9.1，我们可以看到 2010—2020 年我国的通货膨胀率的情况，最高的时候是在 2011 年，通胀率为 5.4%，最低的时候是在 2015 年，通货膨胀率为 1.4%。

表9.1　我国通货膨胀率（2010—2020年）

年份	2010	2011	2012	2013	2014	2015	2016	2017	2018	2019	2020
消费物价指数（CPI）	103.3	105.4	102.6	102.6	102.0	101.4	102.0	101.6	102.1	102.9	102.5
通胀率（π，%）	3.3	5.4	2.6	2.6	2.0	1.4	2.0	1.6	2.1	2.9	2.5

注：上一年消费物价指数为100。
（来源：Wind）

通货膨胀率用 CPI 来度量的话，尽管有时候有点偏高，但我国的通货膨胀率还是适度的。一般来说，能够接受的通货膨胀率在 3% 左右。对于我国来说也一样，如果通货膨胀率在 3% 左右，一般就认为是可以接受的。

总的来说，通货膨胀率直接反映了货币购买力的变化，通货膨胀率上升就代表了货币购买力的下降，而且下降得越来越快；而通货膨胀率下降则代表购买力下降的程度是比较低的；如果通货膨胀率是负的，就代表了货币购买力是在上升的，这样就出现了通货紧缩的问题。

二 通货膨胀的成因与类型

通货膨胀为什么会形成呢？顾名思义，通货膨胀的形成就是因为货币过多，根本原因是货币供应量变多了。通货膨胀有需求端拉动形成的通货膨胀，也有成本端推动形成的通货膨胀。

1. 需求拉动型通货膨胀

从整个社会来说，当总需求超过总供给的时候，就会出现供不应求的状况，而过多的需求会推高物价，从而形成需求拉动的通货膨胀。为什么需求会增多？其背后的原因是大家手上的货币增多了。货币过多往往会形成过多的需求，当总需求超过总供给时，就会形成通货膨胀。所以，通货膨胀通俗地讲，就是由过多的货币追逐过少的商品所形成的。

所以说，一些会引起货币投放过多的行为或者情况，就可能引起需求拉动型通货膨胀。比如政府财政支出超过财政收入而形成财政赤字，并主要依靠财政透支来弥补，或者国内投资总需求超过国内总储蓄和国外资本流入之和，形成所谓的“投资膨胀”。再如国内消费总需求超过消费品供给和进口消费品之和，形成所谓的“消费膨胀”。这 3 种情况中，任何一种发生作用，在其他条件不变时，都会导致总需求与总供给的缺口，这种缺口只能通过物价上涨才能弥合，这就引起了通货膨胀。

需要注意的是，无论是“投资膨胀”还是“消费膨胀”，这些过度需求最终都是指有支付能力的需求。也就是过度的需求必然表现为过度的货币供给，所以通货膨胀本质上还是货币过多导致的。

从货币因素考虑，需求拉动型通货膨胀可以通过两条途径产生：一是经济运行对货币需求大大减少，即使货币供应无异常增长，原有货币存量也会相对过多；二是在货币需求量不变时，货币供应增加过多。一般情况下，后者是货币因素造成需求拉动型通货膨胀的主要因素。

2. 成本推动型通货膨胀

在生产端，因为工资的上升、租金的上涨、利息的增多以及原材料价格的上升等，引起生产成本的上升，进而推动商品价格的上升，形成成本推动型通货膨胀。

比如，房价的上涨会带来租金价格的上涨，煤炭价格的上升会带来能源价格的上升，进而引起生产成本的上升，成本的上升推动商品价格的上升，进而形成成本推动型通货膨胀。那么为什么工资会上升、租金会上升、利息会上升呢？根本的原因还是货币投放过多。比如，在2020年，有很多商品的价格出现了大幅上涨，包括煤炭、石油及一些金属等商品，这些都是生产过程当中需要的原材料。原材料价格的上升，推动了商品价格的上升，带来的就是成本推动型通货膨胀。而这些原材料价格上升最根本的原因，实际上还是投放的货币过多。

我们以房地产为例，房地产价格上升，就会推动租金价格的上升，而租金价格的上升推动了生产成本的上升，进而形成成本推动型通货膨胀。但是从本质来看，房价上升的原因其实也是多年货币投放过多，所以最根本的原因还是需求拉动形成的通货膨胀。再如，工人的工资为什么会上升？除了直接引起成本的上升，形成成本推动型通货膨胀之外，还有工人需要更高的工资，因为工人也是需要消费的，所以当商品、房租价格上升时，劳动者也有增加工资的要求，进而推动生产成本的上升，形成成本推动型通货膨胀。

所以，虽然把通货膨胀的类型划分为需求拉动型通货膨胀和成本推动型通货膨胀，但最根本的原因是货币投放过多，还是需求拉动的通货膨胀。

三 利息与利率

以上我们是从货币本身购买力的角度来理解货币的价格，也就是用购买商品的多少来衡量的。对于钱的价格还有一个维度可以衡量，就是在做投资的时候，把钱给别人使用，其他人因为占用了资金而需要支付一定的报酬。

作为投资者，同时也是消费者，如果选择现在不消费，把钱去做投资，就可以等着未来消费。从偏好的角度来讲，肯定是偏好于当前消费的，那为什么愿意放弃当前消费呢？一定是未来消费能产生一定的增值。如果没有“补偿”，显然没有人愿意等待，都会选择现在立即消费。所以为了激励大家现在省下一部分钱去做投资，必然就要给一定的报酬，这就是资金另外一个角度的价格。

在资金借贷过程中，需要给借出的一方一定的报酬，也就是利息。利息实际上也是资金的价格，利息和最初借贷资金之间的比例体现为利率。利率是资金的一个重要的价格变量，也是金融当中最基本也最重要的一个变量。在金融知识的学习过程里，利率可以说是最重要的一个变量了，无论是借钱、投资、存款、发行债券等，都需要关注利率。

实际上，利率在生活当中也非常常见，比如我们在存款时，银行会报出相应的存款利率。一般情况下，期限越长，利率越高。再如向银行申请贷款，银行会约定一个贷款利率；政府发行国债或者公司发行债券，会有一个票面利率，票面上标明的利率和本金相乘就可以计算出每年支付的利息。

1. 名义利率与实际利率

通货膨胀和利率都是对价格的度量，都是非常重要的变量。如果我们把通货膨胀和利率结合起来看，由于商品的价格会发生变化，所以货币的购买力也相应地会发生变化。在现实生活中碰到的利率是不考虑通货膨胀的，它是一个名义上的回报，是名义利率。但在做实际投资的时候，不仅仅要关心名义利率，还要关心投资这一段时间物价的上涨情况，所以要剔除通货膨胀对购买力的影响，也就是要计算实际利率。由于资金借贷是有期限的，投资实际是在做一个惊险的跨越，所以在这期间如果物价上涨的话，未来得到的固定现金流的购买力会下降。

比如我们到银行存款，一年期的存款利率是 1.75%，它仅仅代表拿到的钱增加了 1.75%，并不意味着购买力增加了 1.75%。假定最初存入银行 100 元，这 100 元在最初可以买到一单位商品，那么在一年之后，我们可以从银行取到 101.75 元。如果正好这一段时间物价也上涨了 1.75%，一年之后商品的价格也变为了 101.75 元，这时去购买商品，还是只能购买到一单位商品，和最开始存款时直接去购买商品的数量是一样多的，所以这个存款投资并没有带来真正的增值。而没有增值的原因就是在存款期间物价上升了，虽然名义上得到的回报是 1.75%，但通货膨胀导致物价也上升了 1.75%，正好抵消了投资回报。

从以上例子可以看出，作为投资者，不仅要关心名义利率，还要考虑投资期间通货膨胀率对实际利率的影响。实际利率就是在名义利率的基础上剔除通货膨胀的负面影响之后，投资者所实际得到的购买力的增长率。

假设名义利率为大写 R，通货膨胀率用 π 来表示，实际利率用 r 来表示，那么实际利率 r 为：

$$
\begin{aligned}
r &= \frac{1+R}{1+\pi} - 1 \\
&\approx R - \pi
\end{aligned}
$$

从这个公式可以看出，实际利率约等于名义利率减通货膨胀率。这个约等于如果要相对比较准确的话，就要求通货膨胀率相对比较低，误差比较小。

比如，有一项投资的名义利率是5%，而这一年的通货膨胀率是 2%，那么真正的实际回报其实约为 3%(即 5%-2%)。也就是 3% 是实际利率，5% 是名义利率，因为通货膨胀率是比较低的，因此直接相减误差不会很大。

如果以 2020 年的通货膨胀率 2.5% 来衡量的话，一年期的存款利率是 1.75%，名义上把钱存在银行一年，钱多了 1.75%，但实际上把钱再取出来的时候，物价已经上升了 2.5%，这一笔钱的购买力不是增加了，而是大约下降了 0.75%(即 1.75%-2.5%)。

所以在2020年，实际利率是负的，存款的实际购买力也是在下降的。

2. 利率的决定因素

利率反映的是资金在不同时间点的价格，那么利率的高低是如何决定的呢？这就需要我们看一下影响利率的因素。

一般来说，储蓄越多，代表资金供给就越多，利率就会下降；而投资需求增多，对资金需要就增多了，那么会引起资金的价格上升，也就是利率上升。如果中央银行投放更多的货币，就会使货币供应量增多，进而导致利率下降。政府赤字增多，对货币需求就会增多，从而引起市场利率的上升。跨境资本流入增多，也会引起货币供应量增多，导致市场利率下降。通货膨胀率上升，投资者要求希望更高的回报率来弥补通货膨胀的负面影响，这也会推高市场利率。总而言之，利率主要是随着市场上货币的供求关系变化而变化的。在金融学的学习中，利率可以说是一个非常重要的变量，也是一个最为基础的变量。金融的很多知识都与利率相关，处处都离不开利率这个变量。比如，我们在讲现值的计算时，涉及用市场利率作为贴现利率；在讲投资决策时，净现值的计算也与利率有关。所以说，利率是一个非常重要的变量。

四 外汇与汇率

汇率是两种货币之间交换的比率，是一种货币作为价格尺度来衡量另外一种货币的价格。假如 1 美元 =7.209 3 元人民币，这就是美元和人民币之间交换的比率，它就是两种货币之间的价格。

根据买卖方向不同，汇率可以分为银行买入价和银行卖出价。我们在前面学习做市商的报价机制时介绍过，如果客户从银行买入外汇的话，要按银行的卖出价买入，而客户向银行卖出外汇的话，要用银行的买入价卖出。买入价和卖出价是不一样的，银行会赚取两者的差价。

在市场上做外汇交易，如果立即办理外汇交割的话，所使用的汇率叫即期汇率。如果在未来一段时间之后，也就是在做外汇远期交易的时候，再办理外汇交割，所使用的汇率是远期汇率。这和我们前面所讲的衍生品是相关的。以外汇作为标的而签发的远期协议，其中约定的货币与货币之间交换的比率就是远期汇率。

目前，全球有很多货币是由政府法定的货币，每一种货币有它自己的符号及代码，如表 9.2 所示。

表9.2 主要国家和地区的货币代码与符号

国家和地区	货币	代码	符号
澳大利亚	Dollar	AUD	A.$
加拿大	Dollar	CAD	C.$
中国	Yuan	CNY	习惯用¥
欧元区	Euro	EUR	€
英国	Pound	GBP	£
日本	Yen	JPY	￥
马来西亚	Ringgit	MYR	M.$
俄罗斯	Ruble	RUB	Rub.
新加坡	Dollar	SGD	S.$
瑞士	Franc	CHF	SFr.
美国	Dollar	USD	$

先问个问题：汇率是怎样决定的?

关于汇率，有不同的理论可以告诉我们它的决定原理，以下我们就来学习几种与日常做投资、外汇交易相关的汇率决定机制。

第一，购买力平价。

购买力平价是从货币的购买力角度来找到决定汇率的影响因素。货币的购买力实际上是跟物价的倒数挂钩的，物价越高货币的购买力就越低。所以一个国家的货币价值与一个国家物价的关系非常紧密。对于一种货币在国内的购买力，是用通货膨胀率来反映的。如果把两种货币放在一起来看的话，实际上就可以通过两国的物价水平或通货膨胀率的水平，来度量两种货币之间交换比例的关系，以及交换比例变化的关系，其原理就是从物价的角度入手来确定两种货币之间交换比例的机制，这种机制被称为购买力平价。

具体来说，购买力平价又分为绝对购买力平价和相对购买力平价。绝对购买力平价建立在一价定律的基础之上。所谓一价定律就是同一种商品在不同的地域，价格应该是一样的，因此在两国通过汇率转换，最终以同一种货币来标价的话，它的价格也应该是相同的。

比如，一个商品在国内的价格用 P_d 来表示，在国外的价格用 P_f 来表示，汇率用 S 来表示，按照一价定律，$P_d=S \cdot P_f$，因此，$S=P_d/P_f$，这看起来有点像数学的问题，可能会比较复杂，其实我们完全不用记这个公式，可以从它的推导原理来看。

我们以某一商品组合为例，因为单一商品不太能够代表一个货币的整体购买力，所以我们找一揽子商品，这样能够比较好地代表货币的整体购买力。假设有一个商品组合，这个商品组合非常广泛，能代表货币购买力整体的变化。经抽样调查，商品组合在中国的价格为 63 000 元人民币，而同样的一个商品组合在美国值 1 万美元，商品组合是一样的，按道理来说，如果一价定律成立，它们的价值也应该是相等的，也就是说，1 万美元应该等于 63 000 元人民币，这样马上就可以算出汇率为 1 美元兑换 6.3 元人民币。

这时，如果市场上的汇率与 6.3 元人民币不相等，就会存在套利的机会。假如市场上的汇率是 1 美元兑换 6.5 元人民币，那么完全可以用 63 000 元人民币在中国买一商品组合运输到美国，换得 1 万美元，再在市场上用这 1 万美元换 65 000 元人民币。这么操作可以直接赚取 2 000 元人民币。

如果知道了套利的机会，大家完全可以多买一些商品，比如买 10 个商品组合，甚至 100 个商品组合，这样就会导致在中国购买这个商品组合的数量增多，在中国这个商品组合的价格就会上升，而运输到美国卖出的时候，会导致美国卖出的商品组合增多，因此导致这个商品组合在美国的价格下降。如果汇率保持不变的话，最终两个地域的商品价格一定要和 1 美元兑换 6.5 元人民币趋同。假定美国的价格不变，那么中国的价格最终会涨到 65 000 元人民币，这样就达到均衡，套利机会也就消失了。

当然，在现实生活当中，绝对购买力平价是难以成立的，因为运输过程中会有运输成本、保险费用等，还会有大量的其他风险，所以购买力平价不可能完全确定出一个精确的水平，往往是处在一个区间范围内的。比如，上边的例子，是在6.3元人民币左右的水平。所以绝对购买力平价就告诉我们，决定两种货币交换比例的是两国的物价水平。这就是说，货币的对内购买力影响到它的对外购买力。

实际上，我们去测算绝对的汇率水平只是一个方面，更应关注的是汇率未来会发生的变化，而相对购买力平价就可以来表征未来汇率到底会发生怎样的变化。在国内，一种货币的购买力以通货膨胀率来度量它的变化：通货膨胀率上升，购买力会下降；通货膨胀率越高，就表示它购买力下降得越多。所以，相对购买力平价认为，通货膨胀率较高的货币应该相对贬值，因为它购买力下降得更多，而贬值率大约就等于两国通货膨胀率之差。

我们再来举个例子。假如中国的通货膨胀率为 5%，美国的通货膨胀率为 2%，也就是说，人民币在国内的购买力下降约 5%，而美元在美国的购买力大概只下降了 2%，所以相对而言，人民币的购买力下降多了 3%，因此人民币相对于美元会出现大约 3% 的贬值。相对购买平价更能够让我们了解汇率的变化趋势。我们只需要看两国的通货膨胀率的差异，就可以看到货币是相对贬值的还是相对升值的。

第二，利率平价。

以上我们从物价的角度找到了影响汇率的因素，它就是物价水平或通货膨胀率。实际上，我们还可以从投资、利率的角度再找到一个平价关系，这就是利率平价。

（1）抛补利率平价

抛补利率平价建立了即期汇率和远期汇率之间的内在关系。在做外汇交易时，如果在 2 个工作日内办理外汇交割，所使用的汇率就是即期汇率，可以把它看成是做一笔现货的外汇买卖所使用的汇率，也就是当前的汇率。如果是要达成一个远期协议，约定在未来，比如 3 个月之后才交割一笔外汇，那么所使用的汇率就是远期汇率，它和一般的远期交易所形成的远期价格是类似的，只是这个标的是针对两种货币之间的交换比例而言的。远期汇率是当前已经确定好的，即期汇率也是当前确定好的，所以这两个汇率实际上都是目前已经确定好的。

我们在做投资的时候，可以通过即期市场，将本国的货币兑换成国外的货币，用国外的货币可以在国外做投资，获得的利率就是国外的利率水平 r_f，而在国内做投资，能够得到的回报就是国内的利率。所以在这个过程里，我们会发现，在国外投资的时候，还存在一个风险因素，就是未来需要将外汇转换成本国的货币，这时候的汇率波动就会对在国外投资的收益产生影响。

为了规避这个风险，可以签订一个远期外汇协议，确定未来的远期汇率，这样实际上是将未来外汇转换成本国货币的价格提前锁定了。我们可以思考一下，在面临这两种投资选择的时候，是在国内做投资好，还是在国外做投资好呢？

我们来举个例子。在国内做投资的收益率是国内的利率水平 r_d，而在国外做投资的收益率由两部分构成：一部分是国外直接做投资，以外币标价得到的收益率 r_f；还有一部分是因为外币升值或贬值带来的收益变动，在未来把外汇卖出换得的本币的这个价格，我们用远期汇率来衡量，用 F 来表示。而最开始去买外汇的时候，用的是即期汇率，我们假设是用 S 的价格购买的，如果我们把外汇看成是一个商品或者一个资产，所带来的回报就是 $(F-S)/S$。实际上，S 可以理解为最初购买股票的价格，相应地，F 就是未来卖出股票的价格，所以这里把外汇看成一个资产，就很容易理解了。那么因为汇率的变化产生的收益就表示为“(远期汇率－即期汇率)/即期汇率”，用 f 来表示，即一个远期汇率相对于即期汇率的一个升水率，如果 f 是负的就叫贴水率。

根据上面的分析，我们就能够判断在哪里做投资比较划算了。因为在国内做投资的收益率是 r_d，在国外做投资的收益率是 r_f 加上一个远期汇率相对于即期汇率的升（贴）水率 f。所以说，如果国内的利率大于 r_f+f，那么就在国内做投资；相反，就在国外做投资。

在市场上，只要这两者之间有差异，就会存在套利的机会，所以最终的结果就是“国内利率＝国外利率＋f”，我们实际上就可以把远期汇率相对于即期汇率的升（贴）水率 f 写成 r_d-r_f。也就是说，远期汇率的升（贴）水率其实可以用国内利率和国外利率之差来衡量，这就是抛补利率平价。这是一个约等于的关系，它使用的条件就是国外利率在一个相对较低的水平。如果这个平价不成立的话，就会有套利的机会。

接下来举一个例子，让我们可以更容易理解抛补利率平价。比如，现在 USD/CNY=6.5，一年以后远期汇率是 6.3，这个汇率现在就已经确定了，就是未来用 1 美元就可以换 6.3 元人民币，这时表明美元贬值了。假设我们在中国做投资，直接投资的收益率是 4%。而在美国做投资，先得到一个美元标价的收益率是 1%，未来转换成人民币的时候，总的收益率是 1%+（6.3−6.5）/6.5，不但不赚钱，反而会亏损。

结果也就很明显，肯定是在中国做投资更划算。这其实就有一个套利的机会，我们可以在美国借钱，然后在中国做投资，这样不但可以赚取 3% 的利差，还可以因为美元贬值先以 1 美元换得 6.5 元人民币，在未来再以 6.3 元人民币就买入 1 美元。

我们具体来说说，假设我们有 6.5 万元人民币，如果在中国做投资的话，收益率是 4%，一年之后手上就是 6.76 万元人民币，而选择在美国做投资，首先要把 6.5 万元人民币换成 1 万美元，把这 1 万美元投在美国的资产上，一年之后会产生本利和是 1.01 万美元。那么在期初签订了一个一年期的远期外汇协议，把未来 1 美元可以转换的人民币价格提前锁定为 6.3。一年之后，手上的本利和以人民币来标价的话是 6.36 万元人民币。显然，在中国做投资可以多赚 4000 元。

同时，不但可以把这 6.5 万元人民币放在中国做投资，也可以在美国借钱在中国做投资，这样也可以获取套利收益。比如，在美国以1%的利率借入1万美元，这1万美元在现在就立即换成人民币，得到65 000元人民币，在中国以4%的利率进行投资，一年之后得到的本利和就是6.76万元人民币。在期初的时候同时签订一个远期外汇协议，把一年之后买美元需要花6.3元人民币这个价格提前锁定了，因此把6.76万元全部以6.3的价格转换成美元的话，可以换得1.07万美元，但只需要还1.01万美元本利和，多出的600美元就是套利收益。

当然，出现这个套利收益的时候，显然不会只借1万美元做投资，套利者会借到足够多，这时美国的利率就可能会上升。而投在中国，由于资金供给增多，导致中国的利率下降，最终会使平价关系趋于成立，这就是抛补利率平价。抛补利率平价最关键的原因，就是签订了远期外汇协议，对风险进行了对冲。

（2）非抛补利率平价

与抛补利率平价相对应的，是非抛补利率平价，就是不通过远期外汇协议来对冲风险，而是直接选择等待，然后就按照当时的即期汇率进行兑换。因此，按照非抛补利率平价来看的话，汇率的变化就是有风险的，最初只能预期汇率的变化。

同样的逻辑，我们在国内做投资得到的收益率是国内利率r_d，在国外做投资获得的收益率是r_f，但是还有一个因为外汇升值所带来的收益率，用未来汇率（S_1）减去当前的汇率（S_0），再除以当前汇率来表示，即$S=\frac{S_1-S_0}{S_0}$。非抛补利率平价实际上最终是国内利率等于国外利率加上汇率的一个预期变化率（$E(S)$），这个就是非抛补利率平价。

我们再举例来加深对非抛补利率平价的理解。比如，当前的即期汇率还是6.5，中国的利率仍然是4%，美国的利率为1%，那么一年之后即期汇率的期望值是多少？其实跟抛补利率平价在数学上是完全一致的，算出的未来即期汇率的期望值实际上跟均衡的远期汇率是相等的。也就是相对于人民币而言，未来在市场均衡条件下，美元是需要升值的，因为如果美元不升值的话，达到一定程度，在美国做投资的收益率就比中国收益率低。所以，为维持市场均衡，美元就会升值，升值比例大概是3%。这就是非抛补利率平价。

（3）几个平价之间的关系

实际上，这几个平价之间是具有内在逻辑关系的，如图9.1所示。相对购买力平价和通货膨胀率之差建立关系，汇率的波动实际上取决于两种货币的通货膨胀率之差，而按照抛补利率平价来看，两个货币的利率之差决定了远期汇率相对于即期汇率的升（贴）水率，所以它们两者之间建立了抛补利率平价的关系。

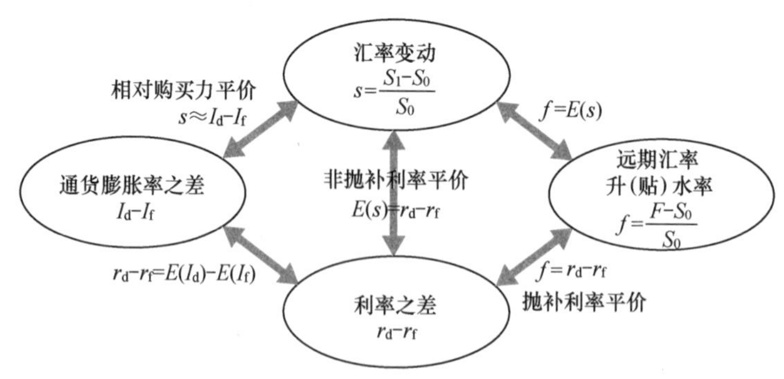

图9.1　平价关系之间的内在联系

通货膨胀率和利率之间也存在一定关系，名义利率减去实际利率即为通货膨胀率，因此，当两个国家进行比较时，两国的通货膨胀率和两国的利率之差应该是相等的，通货膨胀率之差和利率之差也因此建立了联系。同时，利率之差和远期汇率相对于即期汇率的升(贴)水率之间也建立了联系，通货膨胀率之差和汇率的变化之间建立了联系，相应地，抛补利率平价和非抛补利率平价两者也建立了联系，这个联系就是，远期汇率相对于即期汇率的升（贴）水率，与即期汇率的变化率之间应该是相等的。

当以上的平价关系都成立时，我们就建立了利率、通货膨胀率和汇率三者之间完美的协同关系，这也就是资金的 3 个价格变量和它们之间的关系。

因此，在整个经济形势发生变化的时候，为什么会牵一发而动全身？就是因为货币是其中最重要的一个载体，而货币的购买力是用通货膨胀率来表征的，拆借资金在时间上的价格是用利率来表示的，而两种货币之间交换的比率是用汇率来表示的，这三者之间实际上有非常强烈的互动关系。

随着我国的经济开放程度越来越高，中国的利率、中国的通货膨胀率，中国和美国两种货币资源交换的比例，以及美国的利率、美国的通货膨胀率，这几者之间有很强的互动关系。所以当美国的中央银行采取一些货币政策措施的时候，会最终影响到中国的经济，也会影响到中央银行的一些货币政策。

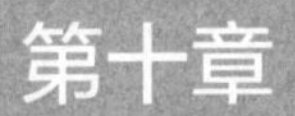

第十章

收益与风险——金融永恒的主题

一、收益的类型与测定

二、风险的定义与衡量

三、收益与风险的计算

通过前面的学习，晓晓既了解了自己理财的现金流知识，又知道了资金融通过程里各个环节的知识。到了最后一章，我们来回归金融学习的本质，充分了解收益和风险。这两者是金融永恒的主题。

我们知道，金融的本质就是资金融通，它包括两个维度：一是投资，二是融资。实际上这是金融这枚硬币的两面。晓晓觉得，作为投资者，她在做投资的时候，最为关心的就是这项投资可以赚取多少收益，同时又需要承担多高的风险。这一章我们就来一起学习下，在做投资时如何度量收益，又会承担多高的风险？

▶ 收益的类型与测定

大部分人在做投资的时候，会去看收益率，这样可以直接比较不同项目的回报。一个资产未来会得到多高的收益率，取决于未来的经济状况。收益率的概念有很多，包括持有期收益率、年平均收益率、预期收益率、必要收益率、名义收益率与真实收益率等。

▶ 风险的定义与衡量

收益和风险是相辅相成的，做投资有收益，也会承担相应的风险。风险实际上包括两个方面：既有获得一定收益的机会，也伴随着可能遭受一定损失的可能性。所以在投资当中，一般将风险定义为收益率的不确定性。

▶ 收益与风险的计算

风险和收益之间需要进行取舍，不能只想得到一个较高的收益，而不想承担较高的风险。在现实生活中，当我们做投资决策的时候，如果不能承担较高的风险，就要去投资风险较低的资产，当然也需要接受较低的回报。

一 收益的类型与测定

我们回到学习金融的初心。实际上，对于个人来说，学习金融最重要的问题就是规划现金流，在这当中，最本质的问题就是能得到多少收益，在得到收益的同时要承担多大的风险。

首先来看收益。收益分为绝对收益和相对收益。绝对收益指的就是收益额。假如最开始我们用 100 万元购买股票，在一年之后这个股票涨到了 200 万元，这一年我们实际上就赚了 100 万元。赚的这 100 万元实际上是一个绝对的收益金额，但我们并不知道相对而言是有多高的收益率。如果用赚的这 100 万元和期初投资的 100 万元相比，我们的收益率是 100%。

为什么要计算收益率呢？因为我们用 100 万元去度量收益的时候，确实能够看到到底赚了多少钱，但如果和其他项目进行比较的话，我们并不知道这个收益到底是高还是低；如果不和期初投的钱相比较的话，实际上也是看不出获得了多少回报的。比如，同样是赚取了 100 万元的收益额，但是第一个项目用了 100 万元投资，赚取 100 万元的收益，收益率是 100%。而另外一个项目是投了 1000 万元，得到了 100 万元的收益额，那显然它的收益率只有 10%。可以看出，从收益额来说的话，这两个项目赚取的钱是一样多的，但是从收益率来说的话，第一个项目的回报更高。

所以，通常需要计算相对收益，也就是用收益率来衡量这笔投资的好坏。

大部分人在做投资的时候要看收益率，这样可以直接比较不同项目的回报。

接下来我们来学习几个收益率的概念。

1. 持有期收益率

持有期收益率是指做一项投资并持有一段时间所获得的回报率。我们平时遇到的最简单的持有期收益率，就是投资一年所获得的一年期的收益率。在计算持有期收益率的时候，首先要确定投资这一段时间所获得的绝对收益额。这个收益额由两部分构成：一部分是资产产生的当期收益，比如投资股票的红利，投资债券的利息，投资房子用于出租的租金。当期收益是与资产价格没有关系的那一部分收益，是自己拥有的资产所生产出来的收益。另一部分就是因为资产价格变化而带来的收益，这部分收益叫资本利得。如果资本利得是正的，说明拥有的资产升值了，如果资本利得是负的，那么就表示资产缩水了。通过以上两部分，就可以得到一个绝对的收益额，也就是用当期收益加上资本利得。资本利得 =（期初价格 − 期末价格）× 持有数量。持有期收益率也因此可以表示为“收益额 / 初始投资”，进一步可以得出计算公式：

持有期收益率 =（当期收益 + 资本利得）/ 初始投资

我们用一个简单的例子来说明到底如何计算持有期收益率。

假如你在一年前以 300 万元的价格购买了 1 万股股票，一年之后，一股派发了 30 元的现金红利，那么在这一年当中，你就得到了 30 万元的现金股利，而一年之后的股票价格是 360 元，这样就可以很简单地把以下几个变量确定出来：

初始投资：300 元 / 股 ×1 万股 =300 万元。

期末的股票价值：360 元 / 股 ×1 万股 =360 万元。

当期红利：现金红利 30 万元。

资本利得：360 万元 -300 万元 =60 万元。

收益额：30 万元 +(360 万元 -300 万元)=90 万元。

一年的持有期收益率：90 万元 /300 万元 =30%。

因为这个例子的投资期是一年，所以就是指一年期的收益率。如果投资的是一个季度，那么就是这个季度的收益率；投资一个月，就是一个月的收益率。我们为了保持可比性，通常在比较各个资产的收益率的时候，把它转换成年化的收益率。比如，投资一个季度的收益率是 30%，如果在单利的情况下，可以乘以 4 得到 120% 的年化收益率，但是如果考虑复利，即这四个季度每个季度都可以进行利滚利的投资的话，那么就应该是 $(1+30\%)^4-1$。虽然这两者之间会有很大的差异，但实际上，这两种方式在某些时间都可以使用。比如，在时间比较短的时候，直接相乘就可以了；当时间比较长的时候，就要进行利滚利的操作。

2. 年平均收益率

接下来再来看看年平均收益率。假如第一年年初投资额为 1，而在第一年年末 1 就增值到 $1+R_1$，这 $1+R_1$ 又变成了本金，在第二年去投资，那么在第二年赚取的收益率是 R_2，所以在第二年年末得到的本利和就是 $(1+R_1)\times(1+R_2)$，以此类推，到第 n 年年末总的本利和就是 $(1+R_1)\times(1+R_2)\times\cdots\times(1+R_n)$，这是总的本利和，扣掉最初所投资的 1 块钱，就是 n 年的总收

益率 $=(1+R_1)\times(1+R_2)\times\cdots\times(1+R_n)-1$。那么，年平均收益率 $=\sqrt[n]{(1+R_1)\times(1+R_2)\times\cdots\times(1+R_n)}-1$。

这样我们就得到了一个按照利滚利计算的年平均收益率，这个平均方法叫几何平均。

我们举一个例子，有一个投资品在 4 年得到的回报率分别是 10%、−5%、20% 和 15%。我们假定是利滚利的操作，4 年总的收益率就是（1+10%）×（1−5%）×（1+20%）×（1+15%）−1，通过代数运算很容易就可以算出来，总的回报率是 44.21%，那么，年平均收益率 $=\sqrt[4]{(1+10\%)\times(1-5\%)\times(1+20\%)\times(1+15\%)}-1=9.58\%$，如果是单利计算的话，我们只需要把 4 个收益率加起来即可，结果是 40%，要计算平均收益率，就用总收益率再进行平均。单利条件下，计算得出的年平均收益率是 10%。显然，几何平均值比算术平均值要小，这是一个数学问题，结果也确实是这样的。

那么为什么要用利滚利呢？其实它也有一定的道理，比如做股票投资，更多的收益来自股票的价格变化引起的资本利得，因为股票价格上涨了 10%，在第一年已上涨的 10% 的价格已经隐含到股票的价格里面了，显然就会实现自然的利滚利。当然，如果我们在持有股票期间获得的红利分红是在账上，不再用它去购买股票，那么就无法实现这一部分的利滚利。这个红利可以拿出来放在银行当做存款，这样可以获得存款利息。但是，存款收益率肯定是比较低的。所以，实际中计算出的收益率和在理论上进行测算的值总是会有差异的。

那么利滚利要在什么条件下使用呢？因为价格变化带来的那一部分收益会自然地进行利滚利，但是有些投资因为在投资期间得到了利息而很难再去自然地进行利滚利，比如出租房子得到的租金，或者购买股票得到的红利，这些现金流并不会自然地再去买这个股票或再买房子，那么它就很难自然地实现利滚利，所以这一部分就没法按照利滚利的方法去计算收益率。

3. 预期收益率

持有期收益率是面向历史的，也就是这个投资已经发生了，事后去算回报率。而面向未来的收益率，叫预期收益率，就是未来这一项资产会带来的期望回报率。

实际上，一项资产未来到底会得到多高的收益率，取决于未来的经济状况。经济状况好的时候，资产的收益率就会更高；而经济状况较差的时候，它的收益率就会更低。我们事先对未来进行预测，假设未来有 n 种经济状态，在每一种经济状态下的收益率分别是 R_1、R_2，…，R_n，相应地，在每种状况下出现的概率分别是 p_1、p_2，…，p_n，我们在事前认为这 n 种情况都会发生，只是各种情况发生的概率不同，所以用各种情况下的收益率与对应的概率相乘，加总起来就得到了一个平均收益率，这个收益率就是期望收益率，即 $E(R)=R_1 \cdot P_1+R_2 \cdot P_2+\cdots+R_n \cdot P_n$。期望收益率是通过加权平均的方法来计算的，每一种情况下的概率加在一起一定是等于 1 的。在实际当中，还有一种计算预期收益率的方法，就是选择历史上各年期的收益率（$R_t, t=1,2,\cdots,T$），通过算术平均的方法来估计它的未来收益率，这就是应用历史样本法来估计未来的预期收益率，即 $\overline{R}=\dfrac{R_1+R_2+\cdots R_T}{T}$。

接下来举例计算预期收益率。比如，某项投资的收益率受到经济运行状况的影响，具体来说，未来经济状况会呈现 3 种状态，它们发生可能性的大小分别是 15%、15% 和 70%，对应地，在 3 种情况下，资产的收益率分别是 20%、-20% 和 10%。

按照预期收益率的计算方法，预期收益率 =(0.15×20%)+[0.15×(-20%)]+(0.7×10%)=7%，那么这是否意味着做这项投资一定会得到 7% 的收益呢？答案是否定的。在实际做投资的时候，这 3 种情况只可能会出现某一种：要么出现最好的情况，得到 20% 的收益；要么出现最差的情况，得到 -20% 的收益；要么出现中等的情况，得到 10% 的收益。因此，事后的结果有可能是 20%，有可能是 -20%，也可能是 10%，哪种情况都有可能出现，但不可能 3 种情况均出现。

所以这就会导致事先测算出来的预期收益率和最后实际得到的收益率之间有偏差，这个偏差就是它背后隐藏的风险。因此，预期收益率是有风险的，我们事前对各种情况要综合考虑。延续上面的例子，如果是第一种情况发生了，会额外得到 13% 的收益。但如果第二种情况出现了，你不但没有得到正回报，还亏损了 20%，所以相对于期望值，其实损失是 27%。如果是第三种情况发生，会比自己预期的 7% 还多 3%。总而言之，保不准哪一种情况会出现，无论出现好的情况还是出现差的情况，都和事先的预期有偏差，这就是风险的来源。

4. 必要收益率

必要收益率实际上就是投资者投资某个项目或者某项资产所必须获得的最低的收益率。它是一个起码的收益率，也就是一个门槛利率。因此，当某项投资得到的回报超过必要收益率，显然投资者就愿意投资这个项目，而这个必要回报率到底最低能低到什么程度呢？必要收益率实际上由两部分构成：一部分是投资一个没有风险的资产，起码要得到一个无风险收益率，用 R_f 来表示。这个无风险收益率往往可以用国债的收益率来衡量。我们在前面讲中央财政的时候提到过，中央政府为了弥补自己的赤字而发行的债券叫国债，中央政府一般不会违约，所以从信用风险角度来说，它几乎是没有风险，因此购买一个国债并持有到期获得的收益率就是无风险收益率。另一部分是因为做有风险的投资，要得到风险补偿，这个风险补偿就叫风险溢价。也就是说，投资这项资产超过无风险收益率的那一部分，叫风险溢价。因此，必要收益率包括两个部分：一部分是无风险收益率 R_f；另一部分就是风险溢价，用 RP 来表示，这是主观上要求得到的最低收益率。

总的来看，持有期收益率是投资一项资产，事后去看实际得到的回报率，它是一个历史的回报率。预期收益率是在做一项投资之前，事先来看未来这项投资会得到的期望收益率，它是一个未来的收益率。必要收益率就是做某项投资，主观上要求得到的最低收益率，它属于主观上对收益率的要求。如果预期收益率超过必要收益率，我们就认为是可以做这项投资的；否则，就会选择放弃。

5. 名义收益率与真实收益率

以上所讲的各个收益率，其实都没有考虑投资期间所遭受的通货膨胀的负面影响。同名义利率对应实际利率一样，对于收益率，名义收益率也对应一个真实的收益率。它们在通货膨胀率不是很高的情况下，也可以得到一个近似的值，也就是说，真实的收益率等于名义收益率减去通货膨胀率。

举例来看，如果名义收益率为 9%，通货膨胀率为 5%，按照近似关系的规则来计算，真实收益率为 9%-5%=4%，如果进行准确计算，计算公式为 (1+ 名义收益率)/(1+ 通货膨胀率)-1，这样计算得出的真实收益率为 3.8%，与近似关系计算得出的 4% 有一点点误差，但是误差并不是特别大。

我们在真正做投资的时候，不仅要关心名义收益率，更要关心剔除通货膨胀的负面影响之后的真实收益率。

二 风险的定义与衡量

了解完投资的收益，再来看看风险。因为收益和风险是相辅相成的，做投资有收益，但也会承担相应的风险。

我们可以用两个角度来对风险做一个定义：一方面，风险代表的是一种损失；另一方面，风险当中也隐藏了机会。所以风险实际上包括两个方面，既有获得一定收益的机会，也伴随着可能遭受一定损失的可能性。所以在投资当中，一般将风险定义为收益率的不确定性。

当然风险在其他领域可能并不是这样定义的，比如，在保险当中，风险多指危险的那一部分，而没有机会的那一部分。比如身故、失能、火灾等，一旦这些事件发生，带来的只可能是损失。所以在保险当中面临的风险实际上是纯粹风险，而在投资当中所面对的风险是投机风险。我们在金融当中更多探讨的是投机风险。

1. 风险的类型

我们在做股票投资或债券投资的时候，风险来源于两部分：一部分是个体本身的非系统性风险，就是它自身特有的风险；还有一部分是和整个市场相关联的风险，叫作系统性风险。整个市场的变化对所有的证券都会产生影响，这个风险就是系统风险。系统性风险是无法靠分散投资规避的，因为不管你买卖哪些证券，都会受到市场的影响。但如果是非系统性风险，就可以通过分散投资相互抵消。非系统性风险一般是指授信的中小企业自身的经营战略等方面的变化给银行带来的风险。银行所面临的风险，包括因为市场因子变化所引起的风险，比如利率、汇率、商品价格、股票指数等的变化引起的风险，都是市场风险。发放贷款或者购买债券做投资，因为借款人可能不能还本付息，或者发行债券的发行人不能够支付利息，不能到期偿还本金，这所面临的风险就是信用风险。在银行经营过程中，有很多人员在操作过程当中失误引起的一些风险，叫操作风险。

不难看出，非系统性风险是纯粹由于个股自身的因素引起的个股价格变化及由这种变化导致的个股收益率的不确定性。非系统性风险主要包括财务风险、市场风险、经营风险、信用风险等，而这些风险往往只局限于某个企业，对整个市场影响的范围有限，通常只影响股票市场中的某只股票或某个行业股，能够产生的只是局部影响，所以对于这类风险，投资者可以通过合理配置——比如购买其他类型股票来避开。

关于风险的概念还有很多理解，比如，利率变化引起的风险是利率风险，汇率变化引起的风险是汇率风险，股票价格波动引起的风险是股价风险等。

2. 风险的来源

我们接下来再仔细探究一下风险的来源。我们上面已经提到，风险的类型分为系统性风险和非系统性风险，这两种风险有不同的风险来源，影响也不相同。

系统性风险主要包括政策风险、经济周期性波动风险、利率风险、购买力风险和汇率风险等。这些风险都属于影响整个全局的一些因素，会引起所有证券的收益都发生变化和波动。例如，当市场利率发生变化时，会引起所有的证券价格发生变化，当通货膨胀发生变化时，所有资产的真实回报率都会发生变化。再如一项宏观经济政策的变化，也会引起整个市场出现变化。由于是对全局的影响，每一个资产都会受到影响，因此系统性风险是无法靠投资很多资产来规避的，系统风险也被称为不可分散的风险。

相对地，非系统性风险是由特殊因素引起的，比如企业的管理问题、上市公司的劳资问题等，主要包括信用风险、财务风险、经营风险、流动性风险和操作性风险等，这类风险是某一企业或行业特有的风险，只影响某些股票的收益，因此这个风险又被称为特殊风险，或者微观风险。由于有的证券会出现好的情况，有的证券可能出现不利的情况，所以把这些证券分散投资，相互之间就可以抵消一部分。

总之，我们在做投资的时候，通过构造投资组合，可以很好地规避非系统性风险，而系统性风险是不能规避的。

三 收益与风险的计算

1. 收益与风险相关指标计算

我们从一定期间普通股、长期债券和短期债券的收益率分布可以总结出一定的规律。普通股的收益率是忽高忽低的，高的时候可以达到百分之五六十，而低的时候可能会亏损百分之二三十，所以收益率有时候会特别高，有时候又特别低，不是那么稳定，波动较大，这也就表明这个资产背后的风险是特别大的。而长期债券的波动性比普通股票低很多。短期债券的收益率就更加稳定了。因此我们可以用历史上收益率的分布来统计它的平均收益率，同时也可以算平均收益率背后的波动率，也就是标准差。

平均收益率可估计预期收益率，计算公式为：

$$\bar{R}=\frac{(R_1+\cdots+R_n)}{n}$$

收益率的样本标准差可估计总体标准差，计算公式为：

$$s=\sqrt{\frac{(R_1-\bar{R})^2+(R_2-\bar{R})^2+\cdots+(R_n-\bar{R})^2}{n-1}}$$

平均收益率是比较容易计算的，就是把各期的收益率加在一起进行平均，如果我们知道 n 年中每一年的收益率，那么把 n 年的收益率加在一起再除以 n，就可以得到年平均收益率。由于收益率有高有低，跟平均收益率相比，都会存在偏差，把这个偏差进行平方，之后再除以（$n-1$），再开方，就可以得到收益率的样本标准差。用这个样本标准差就可以度量各个收益率的波动情况。这个标准差实际上是各个收益率与平均收益率之间偏差的平均度量值。

大家会发现，我们在计算时，先把偏差进行了平方，然后除以（$n-1$），再进行开方。接下来我们来解释下为什么是这样的计算过程。首先是为什么要进行平方，因为如果不平方，各个偏差之和其实等于0，这样是没有办法衡量偏差的大小的。实际上，不管是正的偏差还是负的偏差，总归都是偏差，也总是相对于平均值是一个不利的变化，所以我们不去管偏差的方向，进行平方之后再相加，得出的就是总的偏差情况。至于为什么是除以（$n-1$），而不是除以 n，这是因为我们看起来这里面有 n 个偏差，但其实这 n 个偏差加在一起是等于 0 的，所以说自发发生变动的其实只有（$n-1$）个偏差，一旦（$n-1$）个偏差确定，第 n 个偏差就已经被内在地确定了，所以 n 个偏差中其实自有发生变化的只有（$n-1$）个，因此它的自由度其实只有（$n-1$）。而为什么要开方就更好理解了，因为最开始我们进行了平方的运算，所以进行平均之后，要再进行开方运算，才能得到样本的标准差。

在表 10.1 中，我们把普通股、长期债券、短期债券的平均收益率及样本标准差都计算出来了，从算出的结果可以看到，普通股票的收益率是最高的，对应的，它背后的风险也是最大的。标准差越大就代表波动越大，也就代表收益率的稳定性越差，风险也就越大。

表10.1　部分产品的历史收益率（1948—2000年）

投资对象	平均收益率/%	样本标准差/%
普通股票	13.09	16.48
长期债券	7.78	10.49
短期国债	6.20	4.11

从图 10.1 可以看出，整体上反映出的风险和收益之间的关系是同向的，也就是收益率越高，风险越大。在图 10.1 当中，横轴指的是年收益率标准差，纵轴表示平均收益率，收益率越高，背后隐藏的风险也越大。这就是风险和收益之间的一个取舍，不能只想得到一个较高的收益，而不想承担较大的风险。在现实生活中，做投资决策的时候，如果不能承担较大的风险，就要去投资风险较低的资产，当然也需要接受较低的回报。

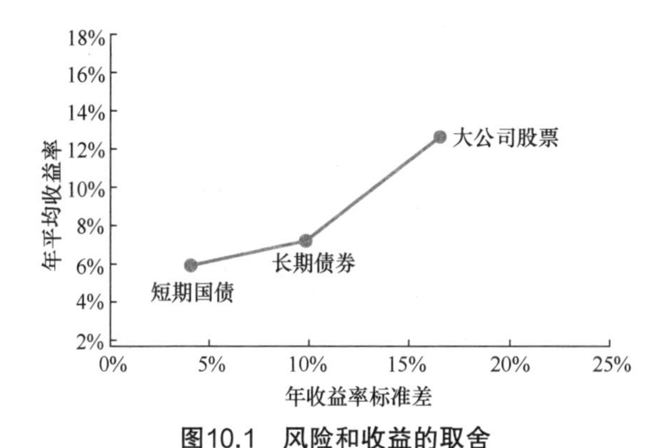

图10.1　风险和收益的取舍

上面是用历史数据来算平均收益率和样本标准差，相当于是用历史的平均收益率去推测未来的预期收益率，用历史的样本标准差去推测未来的风险。

但是面向未来，我们还有另外一种方法，就是对未来的收益率进行预测。假如我们预测有 n 种情况，每种情况的收益率分别是 R_1，R_2，…，R_n，相应地，每种情况下的概率分别为 p_1，p_2，…，p_n，然后用每一种情况下的收益率乘以对应的概率，一一加总，就得到了平均收益率，也就是预期收益率，用 $E(R)$ 来表示。每种情况下的收益率 R_i 与预期收益率之间会存在偏差，这个偏差把它平方起来再和对应的概率相乘，然后一一加总，得到的就是方差。把方差进行开方，得到的就是标准差。

用标准差去除以预期收益率，就可以得到另外一个变量，叫作变异系数。

计算过程如下：

$$\text{方差}\sigma^2=\sum_{i=1}^{n}p_i\cdot[R_i-E(R)]^2$$

$$\text{标准差}\sigma=\sqrt{\sum_{i=1}^{n}p_i\cdot[R_i-E(R)]^2}$$

$$\text{变异系数}CV=\frac{\text{标准差}}{\text{预期收益率}}=\frac{\sigma}{E(R)}$$

我们在学习预期收益率的时候，举过一个非常经典的例子，就是当未来的经济呈现三种状况，每种状况下的概率分别是15%、15%和70%，在各种情况下，它的收益分别是20%、-20%和10%，算出来的预期平均收益率是7%，但实际上并不一定会出现7%的收益，它有可能是20%，也可能是-20%，还可能是10%，每一种情况下的收益率与7%都会有偏差。比如，第一种情况下的偏差就是13%，第二种情况下的偏差是-27%，第三种情况下的偏差是3%，把各种情况下的偏差平方起来再跟对应的概率相乘，一一加总就可以算出方差，再开方就可以算出标准差，用这个标准差和预期收益率进行相除，就可以得到变异系数。这就是另外一种测算风险的方法。

2. 风险溢价

通过前面的学习，我们已经很清楚地知道，做有风险的投资，就会要求得到更高的补偿，那么超出无风险收益率的那一部分收益，就是风险溢价。之前谈到必要收益率的时候提到，投资国债几乎是无风险的，但是投资股票就是有风险的，所以在投资股票的时候，除了得到无风险收益率之外，还要得到一个风险溢价，来补偿投资股票所承担的风险。

这个风险溢价实际上跟两个因素有关：一个因素是投资这项资产的风险大小，一般来说，投资的资产风险越大，就要求得到更高的回报；另外一个因素是投资者对风险的厌恶程度，一个投资者对风险厌恶程度越高，那么在同等风险的情况下，他要求得到的风险溢价就越高。

在不同的市场状况下，风险溢价也是不同的。比如，在牛市行情的时候，大家对风险的承受能力会增强，要求得到的风险溢价可以减少。因此在牛市的时候，因为投资者所要求的必要收益率下降了，所以估值就变得更高。而在熊市的时候，大家非常悲观，只要有一点点风险就觉得受不了，因此在同等风险的情况下，投资者要求得到的风险溢价更高，在这种情况下必要收益率就会更高，所以股票这些有价证券的估值就会变得更低。